確認 民法用語 300 WORDS

KEYWORDS OF CIVIL LAW

編集
三好　登
藤井　俊二
鎌野　邦樹
奥田　進一

成文堂

はしがき

　私たちが民法の授業を担当していて，特に昨今痛切に感じますことは，学生に，まずは，民法の基本的な概念・用語をしっかりと理解し，身につけて欲しいということであります。これは，学部での初学者だけでなく，時としては法科大学院の既修者についても当てはまることです。昨今は，民法の教科書や受験予備校のテキストにおいて，図を用いたり，事例を多く挙げたり，重要判例や論点を明示したりして，学生の理解を助け，また，司法試験対策を意識して様々な工夫が凝らされた良書が沢山出版されております。しかし，他方で，民法の基本的な概念や用語の定義がどこにも示されていなかったり，民法典の編別に即した体系的・理論的な理解がおろそかにされたりする傾向も見られます。そこで，学生に，民法のそれぞれの箇所で，どのような概念，制度，用語が重要なのかを理解させ，せめて，これだけは頭の中に叩き込んでおいて欲しいという用語を民法典の編別・章別ごとに集めた副読本を企画するに至りました。

　執筆を担当いただいた先生につきましては，すでに学界で御活躍の先生方と共に，今後の民法学界を担うであろう力量のある若手の先生方にも多くご参加いただいております。その意図は，多くの読者を得，本書を標準的な民法用語集として，必要に応じて改訂をしつつ，よりよきものへと永続的にしていくためには，ぜひとも新進気鋭の先生に多く加わっていただく必要があると考えたからであります。

　教科書や判例集とは別の必携の教材として，できるだけコンパクトなものとしました。大いに利用されることを念願しております。

　最後になりますが，本書の出版にご尽力いただいた成文堂の阿部耕一社長と，企画編集をご担当いただいた本郷三好編集部次長に深く感謝いたします。

　2004年9月

　　　　　　　　　　　　　　　　　　　　編　者
　　　　　　　　　　　　　　　　　　三　好　　　登
　　　　　　　　　　　　　　　　　　藤　井　俊　二
　　　　　　　　　　　　　　　　　　鎌　野　邦　樹
　　　　　　　　　　　　　　　　　　奥　田　進　一

平成16年（2004）年の民法改正について

　平成16（2004）年臨時国会（第161回国会）において、「民法の一部を改正する法律」が成立した。これは、民法全体を現代語化するとともに、確立した学説や判例の解釈を踏まえて、一部の条文の削除や整理を行ったものである。また、新たに「貸金等根保証契約」に関する規定（465条の2～465条の5）が設けられた。現行民法は、明治29（1896）年に制定されて以来、条文の表現自体には特段修正が加えられてこなかったので、難解な箇所が多数存在するだけでなく、条文が想定している社会背景や事実認識も、今日のそれと大きく乖離していた。今回の改正は、こうした事情を背景としているのである。

　改正作業は、まず、カタカナ書きの文語体であった表記を、ひらがな書きの口語体に改めることからはじめられた。つぎに、古語や現代では用いられていない用語を現代語に変換（例えば、「僕婢」を「使用人」に、「欠缺」を「不存在」に、「毀損」を「損傷」に、「出捐」を「支出」にそれぞれ変換）し、さらに学説や判例の解釈がある程度以上に確立していながら、条文の規定が存在しなかったものを明文化（例えば、162条の取得時効における「物」、192条の即時取得における「取引行為」、709条の不法行為における「法律上保護される利益」などを新たに明文化）し、あるいは現在では存在意義が失われている規定や文言（例えば、旧35条、旧97条ノ2、旧311条、旧320条）の削除や整理等を中心に行われた。

　また、今回の改正では、個人である保証人が銀行取引その他の継続的な金銭の貸付にかかる債務を主たる債務とする根保証をした場合に、保証人を如何に保護するのかという問題を踏まえて、「貸金等根保証契約」に関する規定が新設された。

平成18（2006）年の公益法人制度改革について

　公益法人制度は、平成18（2006）年に制定されたいわゆる公益法人制度改革関連三法（「一般社団法人及び一般財団法人に関する法律」（以下「一般社団・財団法」という）、「公益社団法人及び公益財団法人の認定等に関する法律」、「一般社団法人及び一般財団法人に関する法律及び公益社団法人及び公益財団法人の認定等に関する法律の施行に伴う関係法律の整備等

に関する法律」）により，「法人の設立」と「公益性の認定」とを分離した二段階の制度となり，この制度改革に伴って，民法第一編第三章の法人に関する規定は，ごく一部（改正法33条〜37条）を残して，大部分が削除されることになった。また，一般社団・財団法人法の施行に伴い，平成13年に制定された中間法人法が廃止されることとなり，中間法人法に基づく既存の中間法人は，一般社団・財団法人法に基づく一般社団法人に移行することになった。

目　　次

第1編　総　則

第1章　人

権利能力 …………………………1
意思能力 …………………………1
行為能力 …………………………1
制限行為能力者 …………………1
胎児 ………………………………2
成年被後見人・成年後見人 ……2
成年後見登記制度 ………………3
任意後見契約 ……………………3
被保佐人・保佐人 ………………3
被補助人・補助人 ………………3
法定代理人 ………………………4
後見人 ……………………………4
失踪宣告 …………………………4
看做す・推定 ……………………5
善意・悪意 ………………………5
同時死亡の推定 …………………5

第2章　法人

法人 ………………………………6
法人格否認の法理 ………………6
NPO（特定非営利活動法人）……6
中間法人 …………………………7
権利能力なき社団 ………………7

社団 ………………………………7
財団 ………………………………7
定款 ………………………………7
寄附行為 …………………………8

第3章　物

動産 ………………………………8
不動産 ……………………………8
主物・従物 ………………………8
果実 ………………………………8

第4章　法律行為

意思表示 …………………………9
法律行為 …………………………9
強行法規・任意法規 ……………9
公序良俗 …………………………10
心裡留保 …………………………10
通謀虚偽表示 ……………………11
錯誤 ………………………………11
詐欺・強迫による意思表示 ……11
代理 ………………………………12
任意代理 …………………………12
法定代理 …………………………12
無権代理 …………………………13
双方代理 …………………………13

表見代理………………………13	
復代理…………………………14	
無効……………………………14	
取消……………………………14	
停止条件………………………15	
解除条件………………………15	
期限……………………………15	
期限の利益……………………15	

第5章・第6章
期間，時効

期間……………………………15
取得時効………………………16
消滅時効………………………16
時効の援用……………………16
時効の中断……………………17
時効利益の放棄………………17
時効の停止……………………17
除斥期間………………………17
催告……………………………18

第2編　物　権

第1章
総　則

一物一権主義…………………19
物権法定主義…………………19
物権……………………………19
物権変動………………………19
物権行為………………………20
二重譲渡………………………20
対抗要件………………………21
公示の原則……………………21
公信の原則……………………21
背信的悪意者…………………22
登記……………………………22
登記請求権……………………23
中間省略登記…………………23
明認方法………………………24
混同……………………………24

第2章
占有権

占有権…………………………24
代理占有・占有代理人………25
直接占有・間接占有…………25
占有改定………………………25
引渡し…………………………26
簡易の引渡し…………………26
指図による引渡し……………26
自主占有・他主占有…………27
占有の承継……………………27
即時取得（善意取得）………27
占有訴権（占有の訴え）……28
準占有…………………………29
物権的請求権…………………29
物権的返還請求権……………29
物権的妨害排除請求権………29
物権的妨害予防請求権………30

第3章 所有権

- 所有権 …………………………… 30
- 所有権の原始取得 ……………… 30
- 相隣関係 ………………………… 30
- 囲繞地通行権 …………………… 31
- 区分所有権 ……………………… 31
- 専有部分 ………………………… 32
- 共用部分 ………………………… 32
- 無主物の先占 …………………… 32
- 遺失物の拾得 …………………… 32
- 埋蔵物の発見 …………………… 33
- 添付 ……………………………… 33
- 附合 ……………………………… 33
- 混和 ……………………………… 34
- 加工 ……………………………… 34
- 集合物 …………………………… 34
- 共有 ……………………………… 35
- 持分権 …………………………… 35
- 合有 ……………………………… 36
- 総有 ……………………………… 36
- 準共有 …………………………… 36
- 知的財産権 ……………………… 36

第4章〜第6章 用益物権

- 用益物権 ………………………… 37
- 地上権 …………………………… 37
- 区分地上権 ……………………… 38
- 永小作権 ………………………… 38
- 地役権 …………………………… 38
- 要役地 …………………………… 39
- 承役地 …………………………… 39
- 入会権 …………………………… 39
- 慣習上の物権 …………………… 39

第7章〜第9章 留置権，先取特権，質権

- 担保物権 ………………………… 40
- 債権者平等の原則 ……………… 40
- 物上保証人 ……………………… 40
- 留置権 …………………………… 40
- 先取特権 ………………………… 41
- 動産先取特権 …………………… 41
- 不動産先取特権 ………………… 42
- 質権 ……………………………… 42
- 根質 ……………………………… 42
- 流質 ……………………………… 43
- 転質 ……………………………… 43
- 動産質 …………………………… 43
- 不動産質 ………………………… 43
- 権利質 …………………………… 44

第10章 抵当権

- 抵当権 …………………………… 44
- 抵当権の順位 …………………… 44
- 物上代位 ………………………… 45
- 財団抵当 ………………………… 45
- 動産抵当 ………………………… 45
- 代価弁済 ………………………… 46
- 抵当権消滅請求 ………………… 46
- 賃貸建物の明渡猶予 …………… 46
- 担保不動産収益執行 …………… 47
- 共同抵当 ………………………… 47
- 根抵当 …………………………… 48
- 転抵当 …………………………… 48

法定地上権……………………48
譲渡担保………………………49
所有権留保……………………49

代理受領………………………50
仮登記担保……………………50

第3編　債　権

第1章　総　則

債権………………………………51
請求権・抗弁権・形成権……………51
特定物・不特定物……………………51
種類債権…………………………52
制限種類債権……………………52
選択債権…………………………52
重利………………………………52
利息制限法………………………52
強制履行・強制執行……………53
債務名義…………………………53
直接強制…………………………53
代替執行…………………………54
間接強制…………………………54
受領遅滞…………………………54
債務不履行………………………55
履行遅滞…………………………55
履行不能…………………………55
不完全履行………………………56
賠償額の予定……………………56
債権者代位権……………………56
債権者取消権……………………57
分割債権・分割債務……………57
不可分債権・不可分債務………58
連帯債務…………………………58
不真正連帯債務…………………58

保証債務…………………………59
連帯保証…………………………59
催告の抗弁権・検索の抗弁権………60
保証連帯…………………………60
債権譲渡…………………………60
指名債権譲渡の対抗要件………61
確定日付ある証書………………61
異議を留めない承諾……………61
指図債権譲渡の対抗要件………62
弁済………………………………62
第三者の弁済……………………62
債権の準占有者への弁済………63
代物弁済…………………………63
弁済充当…………………………63
現実の提供・口頭の提供………64
供託………………………………64
弁済による代位…………………65
相殺………………………………65
更改………………………………65
混同………………………………66

第2章　契　約

典型契約・非典型契約…………66
双務契約・片務契約……………66
諾成契約・要物契約……………66
有償契約・無償契約……………67
約款………………………………67

附合契約	67
契約締結上の過失	68
事情変更の原則	68
同時履行の抗弁権	69
危険負担	69
第三者のためにする契約	69
解除・解除権	70
贈与	70
売買	71
手付	71
他人物売買	71
売主の担保責任	72
瑕疵担保責任	72
買戻	73
交換	73
消費貸借	73
準消費貸借	74
賃貸借	74
告知・解約	74
使用貸借	75
借地借家法	75
借地権	75
借家権	76
定期借地権	76
定期借家権	76
明渡の正当事由	77
造作買取請求権	77
建物買取請求権	77
信頼関係理論	77
雇用	78
請負	78
委任	78
準委任	79
寄託	79
消費寄託	79
組合	79
終身定期金	80
和解	80

第3章～第5章
事務管理，不当利得，不法行為

事務管理	80
管理者の費用償還請求権	81
不当利得	81
非債弁済	81
不法原因給付	82
不法行為	82
無過失責任	83
故意・過失	83
責任能力	84
監督義務者の責任	84
使用者責任	84
共同不法行為	84
過失相殺	85
因果関係	85
人格権	86
名誉毀損	86
環境権	86
受忍限度	86
差止請求	87
土地工作物責任	87
製造物責任（PL）	87
国家賠償法	88

第4編 親　族

第1章・第2章　総則，婚姻

- 「家」制度 …………………………89
- 身分行為 ……………………………89
- 直系尊属・直系卑属 ………………89
- 姻族 …………………………………90
- 婚姻 …………………………………90
- 内縁 …………………………………90
- 夫婦財産契約 ………………………90
- 法定財産制 …………………………91
- 離婚 …………………………………91
- 離婚による財産分与 ………………92
- 離婚原因 ……………………………92
- 子の監護者 …………………………92

第3章～第6章　親子，親権，後見，保佐・補助，扶養

- 嫡出子 ………………………………93
- 認知 …………………………………93
- 養子 …………………………………94
- 代諾養子 ……………………………94
- 特別養子 ……………………………94
- 親権 …………………………………95
- 親権者 ………………………………95
- 後見 …………………………………95
- 後見人 ………………………………96
- 後見監督人 …………………………96
- 保佐 …………………………………96
- 補助 …………………………………96
- 扶養 …………………………………96
- 生活保持義務・生活扶助義務 ……96

第5編 相　続

第1章～第3章　相続人，相続の効力等

- 相続 …………………………………98
- 法定相続人 …………………………98
- 相続回復請求権 ……………………98
- 代襲相続 ……………………………99
- 相続欠格事由 ………………………99
- 推定相続人の廃除 …………………99
- 法定相続分・指定相続分 …………100
- 特別受益者 …………………………100
- 寄与分 ………………………………100
- 遺産分割 ……………………………100

第4章～第8章　相続の承認・放棄，効力等

- 相続の承認・放棄 …………………101
- 単純承認 ……………………………101
- 限定承認 ……………………………101
- 相続の放棄 …………………………101
- 財産の分離 …………………………102
- 相続人の不存在 ……………………102

特別縁故者	102
遺言	102
自筆証書遺言	103
公正証書遺言	103
秘密証書遺言	103
遺贈	104
遺言執行者	104
遺留分	104
減殺請求	105
根保証	106

□権利能力（けんりのうりょく）

権利・義務を持つことが出来る地位・資格のこと。具体的には，自然人と法人が権利能力を有する（権利・義務を持つことが出来る）。猫に権利能力はないので，猫は権利・義務を持つことが出来ない（財産を持てない）。能力という言葉が使われているのは，かつて，権利・義務を持つことが出来ない人（家長以外の家族や奴隷など）がいた名残であり，現在は総ての自然人が権利能力を有する（3条）。 〈田村耕一〉

□意思能力（いしのうりょく）

通常人の正常な意思決定能力のこと。通常人が自由な状態で有する心理的・精神的能力に基づいて法律関係（権利・義務）を発生・変更・消滅する意思を形成し，行為として外部に発表し，その結果を判断・予測できる知的能力。この様な意思能力を有する人を前提とするからこそ，各個人が自己の自由な意思に基づいてのみ権利を取得し，義務を負担するという私的自治の原則が妥当する（それ故の自己責任）。したがって，民法には明文規定がないにも関わらず，意思無能力者のした法律行為は無効であり，何らの法律効果を生じない。また，意思無能力者の不法行為は損害賠償責任を生ぜず，監督義務者が責任を負う（712条〜714条；「責任能力」参照）。意思能力の有無は，個別に判断されるものの，一般的には10歳未満の幼児・重度の知的障害者・泥酔者などは，意思能力がないとされている。 〈田村耕一〉

□行為能力（こういのうりょく）

単独で確定的に有効な法律行為を行う能力のこと。近代の法制は，総ての自然人に権利能力を認めて私的自治の原則の上になり立っているが，実際の社会生活では，意思能力を持たなかったり，精神的能力の劣る者が存在するのも事実である。意思無能力者の行為は無効であるから意思無能力者の保護は図られるものの，意思能力の有無は，行為者ごとに個別的・具体的に判断しなければならず，その立証は困難な場合がある。また，独立して取引をする能力が劣る者の保護，取引の相手方保護も必要である。そこで，取引をする能力が劣る者を一定の基準で画一的に定め，行為当時に具体的に意思能力があったかどうかに関わらず，一律に法律行為を取消すことができるとしたのが，行為能力の制度（「制限能力者」参照）である（4条〜21条）。行為能力の規定は，財産上の法律行為についてだけ適用があり，身分上の行為については常に適用されないと解されている（738条，764条，780条，799条，812条，962条参照）。 〈田村耕一〉

□制限行為能力者（せいげんこういのうりょくしゃ）

行為能力が制限されている者。具体的には，満20歳に満たぬ者である未成年者（4条）と後見・保佐・補助の各開始の審判を受けた成年被後見人（8条）・被保佐人（12条）・被補助人（16条）を指す（20条，21条，120条，

121条，124条，449条）。行為能力制度自体，実質的に意思能力が不十分な者を保護するために定型的に定められたものであるから，このような年齢やそれぞれの開始の審判を受けたという形式的な要件を満たした者である。たとえこれらの者が，行為のときに完全な意思能力を有していたことが立証されたとしても，制限行為能力を理由にこれらの者の一定の行為は取り消されうる点に注意を要する。平成11年民法改正以前は「（行為）無能力者」とされ，未成年者の他，禁治産者と準禁治産者がこれにあたり，戸籍簿に記載され，これらの者が法律行為をすること自体を制限し，ある意味では社会から隔離してきた。しかし，「無能力者」制度に潜む差別感が意識されてきただけでなく，これらの者も可能な限り社会の一員として，通常の社会生活を過ごせるようにすべきだというノーマライゼーションの考え方，その者の自己決定権を尊重すること等が意識されるようになって「制限行為能力者」制度となった。また戸籍とは別の成年後見登記制度が創設され，制限行為能力者のプライバシーの保護も図られるように至っている。 〈熊谷芝青〉

□胎児（たいじ）

出生前の胎内にいる子。この場合の出生は民法では，胎児が母体から全部出たときに認める（全部露出説）をとるのが通説である。権利能力の始期を出生とする民法上（3条），胎児には権利能力はない。しかしこの規定を絶対視すると，胎児にとって不利益を被ることがある。そのため損害賠償（721条），相続（886条），遺贈（965条）については，権利能力が例外的に認められている。この場合にいつ権利能力を認めるかについては争いがある。判例は，胎児が生きて生まれて初めて不法行為時や相続時にさかのぼって（遡及的に）認めるという停止条件説に立っている。したがって母親が胎児の代理人として，第三者と契約を結ぶことは本人である出生以前の胎児に権利能力がない以上，認められないとする（大判昭7・10・6民集11・2033）。しかし胎児の段階で，権利能力を認め，死産の場合に遡及的に，権利能力を否定するという解除条件説に立つ学説も少なくない。これらの積極的に権利行使する場合のほかに，胎児は認知を受けることができる（783条1項）。 〈熊谷芝青〉

□成年被後見人・成年後見人（せいねんひこうけんにん・せいねんこうけんにん）

後見開始の審判を受けた者が成年被後見人であり，その者の保護者として付せられるのが成年後見人である（8条）。成年後見人は法人でもよい（843条4項）後見開始の審判を受けるためには，精神上の障害により事理を弁識する能力を欠く常況にあるという実質的な要件と，一定の者が申し立てるという形式的な要件を必要とする（7条）。通説はその両要件を具備すれば，本人を保護するために裁判所は必ず後

見開始の審判をなさねばならないと解している。例外として日用品の購入等の日常生活に関する行為と，婚姻等の一定の親族法上の行為を単独ですることができ，その行為を取り消せない。成年被後見人は自らの行為を本人だけでなく，成年後見人も取り消すことができるのが原則である（9条，120条1項）。したがって成年被後見人が成年後見人の同意を得てした行為であっても取り消すことができる。成年後見人は，成年被後見人の財産を管理し，代理人となる（859条）だけでなく，その身上を配慮せねばならない（858条）。なお，成年被後見人は，平成11年民法改正前は禁治産者と称されていた（旧8条）。〈熊谷芝青〉

□**成年後見登記制度**（せいねんこうけんとうきせいど）　後見登記等に関する法律によって認められる，後見等の内容を公示するための登記。各種開始の審判を受けた制限能力者とその保護者，その内容等（後見登記法4条）と，任意後見契約の契約者，内容等（後見登記法5条）が記録される。登記事項証明書の交付を受けられる者は，本人のプライバシーを保護するために一定の者に限定されている（後見登記法10条）。この他に行為能力があることを証明するものとして，本籍地市町村が交付する身分証明書がある。〈熊谷芝青〉

□**任意後見契約**（にんいこうけんけいやく）　委任者（本人）が，自ら選任した受任者（任意後見人，法人も可）に対し，精神上の障害により事理を弁識する能力が不十分な状況における自己の生活，療養看護及び財産の管理に関する事務の全部又は一部を委託し，その委託に係る事務について代理権を付与する委任契約（任意後見法2条1号）。公正証書でなされなければならない（任意後見法3条）。任意後見契約はそれを作成した公証人を通して後見登記等ファイルに記録される（公証人法57条ノ3，後見登記法5条）。〈熊谷芝青〉

□**被保佐人・保佐人**（ひほさにん・ほさにん）　保佐開始の審判を受けた者が被保佐人であり，その者の保護者として付せられるのが保佐人である（12条）。保佐開始の審判を受けるためには，精神上の障害により事理を弁識する能力が著しく不十分であるという実質的な要件と，一定の者が申し立てるという形式的な要件を必要とする（11条）。13条列挙の行為は保佐人の同意を必要とし，それを得ないでなされた被保佐人の単独の行為は，被保佐人本人と保佐人は取り消すことができる（13条，120条）。それ以外の行為は，9条但書の行為を含めて，被保佐人が単独でなすことができ，取り消すことはできない。なお，被保佐人は，平成11年民法改正前は準禁治産者と称されていた（旧11条）。〈熊谷芝青〉

□**被補助人・補助人**（ひほじょにん・ほじょにん）　補助開始の審判を受けた者が被補助人であり，その者の保護者として付せられるのが補助人である

(16条)。補助開始の審判を受けるためには，精神上の障害により事理を弁識する能力が不十分であるという実質的な要件と，一定の者が申し立て，かつ本人以外の申し立ての場合に本人の同意という形式的な要件を必要とする(15条)。申し立てられ，補助人の同意を必要と審判された「特定の法律行為」は，補助人の同意を得ないでなされた場合に被補助人本人と補助人は取り消すことができる（17条，120条）。

〈熊谷芝青〉

□**法定代理人**（ほうていだいりにん）　法律の規定に基づいて当然に代理権が発生する代理人。本人の意思に基づいて代理権が発生する任意代理人と異なる。未成年者の場合の親権者（818条，824条），未成年後見人は親権を行う者がないとき，または親権を行う者が管理権を有しないときの未成年後見人（838条1号，859条），および後見開始の審判の際の成年後見人（8条，838条2号，859条）が規定されている。法定代理人の選任方法（106条，839条，840条，843条）や法定代理権の範囲（107条，824条，859条）も法律で規定されている。　　　　　　　〈熊谷芝青〉

□**後見人**（こうけんにん）　未成年者または成年被後見人の保護のために後見の事務を行う者。未成年後見人の場合には自然人1人に限られるが（842条），成年後見人は法人であっても（843条4項）複数でもかまわない（859条ノ2）。後見人は未成年者または成年被後見人のために財産を管理し，その財産に関する法律行為について法定代理権を行使する等の事務をする（853条〜869条）。後見監督人と家庭裁判所は後見人を監督し（863条），任務に適さない事由があるときは解任することができる（846条）。〈熊谷芝青〉

□**失踪宣告**（しっそうせんこく）　不在者（25条参照）の生死不明が一定の期間（失踪期間）続くと，その不在者を死亡した者とみなし，その者をめぐる法律関係を処理する制度。失踪宣告により，普通失踪では失踪期間満了時に，特別失踪では危難の去った時に，不在者が死亡したものとみなし，その結果，戸籍が抹消され，婚姻が解消し，相続が開始するなどの効果が生ずる。失踪期間は，普通失踪が7年，特別失踪又は危難失踪（従軍・船舶の沈没など）が1年である（30条）。この期間の経過後，利害関係人の請求によって家庭裁判所が失踪宣告をする。失踪宣告を受けた者の生存，又は異なった時点で死亡したことが分かった場合，家庭裁判所は，本人又は利害関係人の請求により宣告を取り消す審判をする。失踪宣告が取り消されると，失踪者の死亡を前提とする法律効果は総て生じなかったことになる（32条）。なお，水難・火災などで確実に死亡したとみられる場合，取調べをした官公署の市町村長への報告に基づき，その者の戸籍が抹消される認定死亡（戸籍法89条）は，簡易な失踪宣告としての機能を有

している。　　　　　〈田村耕一〉

□**看做す・推定**　「看做す」は、本来は異なるものを、一定の法律関係につき、同一のものとして認定して法律効果を生じさせること。当事者間の取決や反証を許さず、一定の法律関係に関する限りは絶対的に同一なものとして扱う。例えば、「失踪宣告を受けた者は死亡したとみなされる（31条）」ということは、その者が生存していても死亡と同じ法律効果を生じさせ、失踪宣告が取り消されない限り、死亡という法律効果は動かすことができないことになる。

「推定」は、ある事項につき、当事者間の意思（取決）・事実の存在・評価等が不明確である場合、法令で一応こうであろうという判断を下し、法律効果を生じさせること。例えば、573条は、売買代金の支払期限は、一応、目的物の引渡期限と同一の期限として取扱うと定めるものの、法令と異なる当事者の取決や、当事者の意思が異なる証拠があれば、それに従って判断される。当事者の反証を許す点が「看做す」と異なる。　　　　　〈田村耕一〉

□**善意・悪意**　ある事実・事情を知らないことを善意といい、知っていることを悪意という。日常用語と異なり、道徳的な意味での善悪を意味していない。但し、離婚原因における「悪意で遺棄（770条1項2号・814条1項1号）」は、他人を害する意思である。また、ある事実・事情の存否について疑わしいと思っているだけでは、知っているとはいえないから、悪意にはならない。但し、占有については、善意とは自己に占有を正当化する権利（本権）があると確信することを意味するとされるので、本権の有無につき疑いをもっているにすぎない場合でも、一般の悪意の意味と異なり、悪意占有になると解されている。当事者や第三者の善意・悪意によって、法律効果が異なってくる場合は多く、主なものに、虚偽表示（94条2項）、取得時効（162条）、即時取得（192条）、債権の準占有者への弁済（478条）、悪意の受益者の返還義務（704条）などがある。　　　　　〈田村耕一〉

□**同時死亡の推定**　被相続人・相続人の関係にある複数の者が、同じ場所で被災して死亡した場合、それらの者の死亡の先後によって、相続人の範囲が異なることがある。例えば、Aに配偶者B、子C、親Dがおり、AとCが同一の交通事故で死亡した場合、①Aが先に死亡したときは、Aの財産をB・Cが相続し、Cの死亡によりCの財産をBが相続する、②Cが先に死亡したときは、Cの財産をA・Bが相続し、Aの死亡によりAの財産をB・Dが相続する。すなわち、①は総ての財産をBが相続するが、②は、Aの財産をB・Dが相続することになる。しかし、この様な場合、死亡時期の先後の確定は不可能に近い。そこで、昭和37年に、死亡し

た者が数人ある場合，その死亡の先後関係が明らかでないときは，同時に死亡したものと推定すると規定された（32条ノ2）。同時死亡者間には相続は起こらず，上記の例では，CはAを相続しなかったものとして扱われる。なお，「推定」であるから，反証により覆すことは可能である。〈田村耕一〉

□**法人**（ほうじん）　自然人以外のもので法律によって権利・義務の帰属主体となることのできる地位（＝権利能力。法人格ともいう）を認められたもの。その実体が，組織された人の集まりである社団法人と，ある目的に捧げられた財産の集まりである財団法人とに分類される。また，営利を目的とするかどうかによって営利法人と非営利法人とに分類される。法人制度は，①団体についての法律関係を単純明瞭化し，②団体の固有財産と団体構成員の個人財産との分離を可能にするために考え出された法技術である。例えば，社団法人が不動産を取得する場合は，組合の場合と異なり，法人自身の名前と資格での契約の締結，法人による単独所有，そして法人名義での登記ができることになり，社団をめぐる権利関係は単純・明快となる。また，構成員の個人財産から分離される結果，社団の財産がその構成員の債権者から強制執行を受けることがなくなるので，継続的な事業遂行のために不可欠な社団財産の維持が可能となる。〈新井敦志〉

□**法人格否認の法理**（ほうじんかくひにんのほうり）　形式上は法人として存在する法的主体の法人格を否認し，背後にあってそれを事実上支配している自然人や別の法人に対する責任追及を可能にする法理。①法律の規定や契約上の義務を負った会社がそれを回避するために新会社を設立するというように法人格が濫用される場合と，②実質的には個人企業に等しい会社のように，形式上の法人と事実上の支配者とが実質的・経済的に同一とみられ，法人格が形骸化している場合とに類型化される。〈新井敦志〉

□**NPO**（エヌピーオー）**（特定非営利活動法人）**（とくていひえいりかつどうほうじん）

民間非営利組織を意味するNon-Profit Organizationの略称で，営利を目的とせず，社会貢献を目的として活動する民間の団体。本来は，特定非営利活動促進法（NPO法）の規定によって法人格を取得した団体のことだが，一般的には，法人格を有さない市民団体やボランティアグループなども含めてNPOと称することが多い。NPO法人（特定非営利活動法人）が行う事業は，保健・医療・福祉，社会教育，まちづくり，学術・文化・芸術・スポーツ，環境保全，災害救援，地域安全，人権，国際協力，男女平等，子ども育成，情報化社会の発展，科学技術の振興，経済活動の活性化，職業訓練・雇用促進，消費者保護，NPO支援の17分野に限定され，不特定かつ

多数の者の利益増進に寄与することを目的とする活動を行うものとされている（NPO法2条）。NPO法人を設立しようとする者は，内閣府令で定めるところによる設立の認証を受けなければならない（同10条）。　〈奥田進一〉

□**中間法人**（ちゅうかんほうじん）　➡はしがき2Pを見よ。　〈新井敦志〉

□**権利能力なき社団**（けんりのうりょくなきしゃだん）　社団としての実体を有しながら権利能力（法人格）を持たない団体のこと。このような団体をできるだけ社団法人と同様に取り扱えるようにするために考え出された概念である。その認定のための要件（基準）としては，団体としての組織を備え，多数決の原則が行われ，構成員の変更にもかかわらず団体そのものが存続し，その組織において代表の方法，総会の運営，財産の管理その他団体としての主要な点が確定していることがあげられる。法律および実務上，次のような取り扱いがなされている。①社団の財産・債務は，その構成員に，団体的拘束の最も強い共同所有の形態である「総有」的に帰属するとされる，②代表者の定めのある社団には当事者能力が認められている（民事訴訟法29条），③銀行実務上，社団の肩書を付した代表者名義の預金が認められている，④他方，不動産登記については，登記実務上，社団名義の登記も肩書付き代表者名義の登記も認められていない。　〈新井敦志〉

□**社団**（しゃだん）　一定の目的のもとに組織された人の集団のこと。個々の構成員とは別の独立した単一体として存在し構成員が入れ替わっても団体としての同一性を失わずに存続する。社団は，一般社団・財団法人法によりその事業の公益性の有無にかかわらず準則主義により簡便に法人格を取得できることになった（一般社団法人）。一般社団法人は構成員としての社員を不可欠の要素とし，団体の最高意思決定機関として社員総会を有し，その業務は理事が執行する。この他に，定款の定めにより，理事会，監事または会計監査人を置くことができる（一般社団・財団法人法60条2項）。　〈新井敦志〉

□**財団**（ざいだん）　一定の目的のために捧げられた財産の集合体のこと。社団と同様，財団も，一般社団・財団法人法により，その業務の公益性の有無にかかわらず準則主義により簡便に法人格を取得できることになった（一般財団法人）。またこの法律により，理事の業務執行を監督しかつ法人の重要な意思決定に関与する機関として評議員および評議員会制度が創設され，評議院，評議員会，理事，理事会および監事は必置の機関とされた（一般社団・財団法人法170条1項）。　〈新井敦志〉

□**定款**（ていかん）　社団法人設立のために定めることが必要とされる社団内部の根本規則そのもの，またはこれ

を記載した書面のこと。一般社団・財団法人法により，一般財団法人設立の際に必要とされる財団内部の根本規則も定款と呼ばれることになった。またこの法律によって，一般社団法人，一般財団法人それぞれについて，定款に必ず記載または記録すべき事項が定められている（11条，153条）。
〈新井敦志〉

□**寄附行為**（きふこうい）　財団法人設立行為のことで，その性質は相手方のない単独行為とされる。一定の財産を提供しその管理運営のための根本規則を定めることを要する。また，上記の財団の根本規則およびこれを記載した書面のことも寄附行為と呼ばれる。なお，一般社団・財団法人法ではこの用語は使われていない。〈新井敦志〉

□**動産**（どうさん）　不動産以外の物のこと（86条2項）。但し，船舶や航空機などは，法律上，不動産と同様に取り扱われることがある。また，金銭は，高度の流通性ゆえに，特殊な取り扱いがされる。なお，木になっているみかんなど，未分離の天然果実も，独立の動産となし得る。商品券や乗車券など，債権者を特定せず，その正当な所持人を権利者とする証券的債権を無記名債権といい，民法はこれを動産とみなしている（86条3項）。動産と不動産とでは，物権変動の公示方法や即時取得の有無で異なる。〈藤井徳展〉

□**不動産**（ふどうさん）　土地及びその定著物（ていちゃくぶつ）のこと（86条1項）。定著物とは，土地に固定されていて，かつ取引観念上継続的に土地に固定されて使用される物をいう。①建物は定著物の典型例であり，土地とは別個の不動産である。②石垣や敷石，③線路や鉄塔，④土地に植わっている樹木などは，通常は土地の所有権に取り込まれ，土地の一部を構成する不動産である。しかし③は，別個に取引の対象となし得，④は，立木法所定の場合に，別個の不動産となし得る。石どうろうなどは，定著物といえない。〈藤井徳展〉

□**主物・従物**（しゅぶつ・じゅうぶつ）　ある物（主物）の経済的効用を継続的に補助するために付属させた物を，従物という（87条1項）。従物を付属させる対象となる物を，主物という。刀とさや，庭園と石どうろう，家屋と襖・障子・畳などが，主物と従物の関係にある。主物と従物は，それぞれ独立した物である。しかし従物となれば，主物の処分に従う（87条2項）。たとえば，家屋の所有権が移転すると，襖などの所有権もそれに伴って移転する。抵当権の及ぶ範囲の問題において，従物と付加一体物（370条）との関係が論じられている。〈藤井徳展〉

□**果実**（かじつ）　ある物（元物）から生じる収益を，果実という。果実を生じる物を，元物という。果実には2種類ある。①物の用途に従って直接産出される収益を，天然果実という（88条1項）。農作物，動物の子，鉱物などである。元物から分離する時に独

立の物となる。②物の使用の対価として受ける金銭その他の物を，法定果実という（88条2項）。賃貸不動産の賃料などである。天然果実と法定果実とでは，その帰属に関して取り扱いが異なる（89条）。抵当権の効力は，被担保債権の不履行後に生じた果実にも及ぶ（371条）。　　　　　　〈藤井徳展〉

□**意思表示**（いしひょうじ）　意思表示とは，私法上の効果を発生させたいという意思を対外的に表明することをいう。私法上の効果を発生させるための人間の行動は，そのプロセスに応じて，動機，内心的効果意思，表示意思，表示行為の4つに分類される。例えば，独り暮らしをするのでマンションが必要だ（動機），マンションを買おう（内心的効果意思），マンションを買いに行こう（表示意思），実際にマンションを買いたいと外部に表明する（表示行為）というように分けられる。
〈大杉麻美〉

□**法律行為**（ほうりつこうい）　法律行為とは，当事者が欲する法律効果を発生させるために必要な要件を満たすような行為をすることをいう。法律行為をするためには，当事者が存在することと，当事者が意思表示をすることが必要となる。例えば，AがBに車を売却した場合には，当事者はAとBのみであり，AとBが車を売り買いするために必要な意思表示をしなければならない。また当事者が行った意思表示による効果を発生させるためには，いわゆる有効要件といわれる諸条件を満たす必要がある。有効要件は，意思能力の存在，行為能力の存在，法律行為の内容の確定，実現可能性，強行規定・公序良俗違反の可能性，錯誤・詐欺の可能性を確認する。法律行為は，当事者が表明した意思のみに基いて権利義務の変動を発生させる，すなわち，私的自治の原則を具体化するために必要な行為である。法律行為は，その他にも，様々な観点から分類を行うことが可能である。単独行為，契約，合同行為，決議，協約，あるいは要式行為と不要式行為などに分類される。
〈大杉麻美〉

□**強行法規・任意法規**（きょうこうほうき・にんいほうき）　強行法規は，当事者が実現を望んでも，規定に反する法律行為をすれば無効となる法規のことをいう。これに対し，任意法規は，当事者が実現を望むのであれば，規定に反する法律行為をしても有効となる法規のことをいう。たとえば，借地借家法第9条は，借地契約の更新拒絶などに際して，借地権者に不利な取扱をした場合には，無効とするとして，経済的弱者の保護をはかるために強行法規として規定される。強行法規は，この他にも，家族法の規定，物権法の規定，利息制限法の規定などにあらわれている。強行法規は，あくまでも秩序の維持などのために設けられる規定であり，任意法規は，当事者の行動範囲を拡大させるために設けられる規定である。

任意法規については，法律行為の当事者が，法令中，公の秩序に関しない規定について法と異なる意思表示をした場合には，当事者の意思を尊重する（91条）。他の手段を用いて強行法規に反する内容を実質的に実現させようとする脱法行為は，原則として無効となる。　　　　　　　　　〈大杉麻美〉

□公序良俗（こうじょりょうぞく）

公の秩序又は善良の風俗（公序良俗）に反する事項を目的とする法律行為は，無効とされる（90条）。公序良俗は，法律行為の有効要件の1つであり，公の秩序と善良の風俗に分類される。公の秩序は，国家社会の一般的利益のことをいい，善良の風俗は社会一般の道徳観念のことをいう。当事者のした法律行為が90条違反により無効であるというためには，公序良俗に該当する法律行為が何であるかが明らかにされなければならない。大きくは内容の社会的妥当性があるかどうかが基準となり，第1に，人倫に反する行為（婚姻秩序や性道徳に反する行為），配偶者のある者が婚姻予約をし，扶養料を支払う契約，第2に，射倖契約，賭博による負債の返済のために金銭を貸すこと，第3に，取締規定違反，第4に，個人の自由を著しく制限する行為，たとえば営業自由の制限，第5に，不公正な取引行為，消費者保護，暴利行為，第6に，個人の尊厳・男女平等など憲法上の人権に反する行為，第7に，正義の観念に反する行為などがあげられる。

〈大杉麻美〉

□心裡留保（しんりりゅうほ）

表意者が真意に基づいて意思表示をしていないことを知っていながらこれを行った場合，たとえ真意に基づいた意思表示でなかったとしても法律行為は有効となる（93条）。但し，法律行為をした相手方が，表意者が真意に基づいて意思表示をしたことを知りまたは知ることができた場合には，表意者の行った意思表示を無効とする（93条但書）。一般的成立要件としては，①意思表示があること，②意思表示と真意との間に不一致があること，③表意者自身に不一致の認識があることがあげられる。友達に売る気持ちもないのに，高価な時計を「売る」といった場合などがこれにあたる。この場合，表意者は本来的には売却の意思がないので，契約が成立しないようにも思える。しかしながら，表意者は，真意に基づかない意思表示であることを知っており，この意思表示から発生する不利益を受けてもやむをえないともいえる。すなわち，法律行為は有効となり，意思表示の効力は妨げられない（表示主義の採用）。相手方は，「真意ヲ知リ」，すなわち，単に真意がないことを知っていればよい。また，「知ルコトヲ得ベカリシ」とは，意思表示を了知したときに，一般人の注意をもってすれば真意がないことを知ることができた場合をいうとされる。外形を信頼して取引関係に入った善意の第三者がいる場合には，民

法94条2項の規定を類推適用をして第三者を保護すべきであるとする。
〈大杉麻美〉

□**通謀虚偽表示**（つうぼうきょぎひょうじ）　相手方と通じて行った虚偽の意思表示は無効とされる（94条1項）。相手方と通じて行った意思表示の無効は、善意の第三者には対抗することができない（94条2項）。一般的成立要件としては、①一定の意思表示があったかのような外形が存在すること、②外観に対応する効果意思が存在しないこと、③当事者同士が通謀していること、をあげることができる。例えば、Aが、財産の差押を免れるために、友人Bと相談し、財産を隠す目的で、虚偽の契約書を作成して、Aの不動産の名義をBに移転した場合などがこれにあたる。AB間の売買契約は無効となる。Bが、Aに無断でAから名義移転を受けた不動産をCに売却していた場合、Cが善意の第三者である場合には、表意者自身が外形を作出したことの責任（帰責性）からCを保護する。「善意」とは、第三者としての地位を取得する時点で、通謀虚偽表示があったことを知らなかったことをいう。「第三者」は、利害関係を有するに至った者のことをいう。善意の第三者が保護されるためには、登記の具備を要しない。
〈大杉麻美〉

□**錯誤**（さくご）　法律行為の要素に錯誤がある場合には意思表示は無効となる（95条）。但し、表意者に重大な過失があったときは表意者自らその無効を主張することができない（95条但書）。一般的成立要件としては、①法律行為の要素に錯誤があること、②表意者に重大な過失がないことである。法律行為の要素に錯誤があるとは、この点について錯誤がなければ、意思表示をしなかったであろうというほど重要な行為、すなわち契約決定を左右するほどの重要な事情であったかが基準となる。例えば会社のローンが組めると思って不動産の売買契約をしたが、実はローンを組むことができないことが後日判明した場合など、契約決定を左右するほどの重要な事項があるとされる。重過失があるとは、通常要求される注意を著しく欠いて錯誤に陥った場合をいう。錯誤による意思表示は、無効となる。無効を主張できるのは、表意者のみである。表意者に重過失がある場合には、法律行為が有効となるだけでなく、相手方も第三者も無効を主張することができない。〈大杉麻美〉

□**詐欺・強迫による意思表示**（さぎ・きょうはくによるいしひょうじ）

詐欺又は強迫による意思表示は取り消すことができる（96条1項）。第三者からの詐欺により意思表示をした場合には、相手方がその事実を知っているときに限り、その意思表示を取り消すことができる（96条2項）。詐欺による取消の効果は善意の第三者に対抗することはできない（96条3項）。一般的要件としては、①詐欺の故意がある

こと，②違法な欺罔行為であること，③詐欺によって意思表示が行われたことがあげられる。例えば，Aが，将来鉄道が敷設される計画などないのに，将来鉄道が敷設されるとセールストークをして，Bに土地を売却した場合などがあたる。詐欺による意思表示の取り消しは，善意の第三者に対抗することができない。強迫は，他人の強迫行為によって表意者が畏怖を抱き，その畏怖により意思表示を行う場合のことをいう。一般的要件としては，①害悪を告知して脅かそうとする意図，②畏怖によって意思表示をさせることを必要とする。強迫による意思表示の取消は，善意の第三者に対して取消の効果を主張することができる。〈大杉麻美〉

□**代理**（だいり）　代理とは，本人のために代理人が相手方に対して意思表示をしたり，相手方から意思表示を受けることによって本人と相手方との間に直接にその意思表示の効果が帰属する制度である（99条〜118条）。意思表示をなした当事者間にその効果が帰属するのが原則であるが，代理の場合は代理人と相手方間でなした意思表示の効果が，本人と相手方間に直接に帰属するという効果（他人効）が発生する。この効果が発生するための要件として，代理人が①授与された代理権の範囲内で②「本人の為めにすることを示して」意思表示をすること（顕名主義）が必要である（99条）。「本人の為めにする」とは，意思表示の効果を本人に帰属させる意思をもってということである。例えば，本人AがBにA所有の不動産を売却する代理権を授与し，代理人Bがこの代理権に基いてAのためにすることを示してCとの間で土地の売買契約を締結すれば，この契約の効果はAとCとの間に直接に帰属する。代理の種類として任意代理（→）と法定代理（→）などがある。〈平山也寸志〉

□**任意代理**（にんいだいり）　本人の信任を受けて代理人となるものが任意代理である。任意代理権は本人と任意代理人となる者との間での無名契約たる委任類似の代理権授与契約によって発生する。本人は任意代理人を選任してその行為により自己の法律行為の範囲を広げることができる（私的自治の範囲の拡張機能）。なお，民法上，任意代理と法定代理（→）との区別が存在するが，この区別は，制度上，復代理人の選任（104条，106条），代理権の消滅（111条）などにおいて実益がある。〈平山也寸志〉

□**法定代理**（ほうていだいり）　法律の規定に基づいて発生する代理のことを法定代理という。制限能力者の法定代理人（818条，824条＝未成年者の親権者，又は838条以下・859条＝後見人，838条・843条・859条等＝成年後見人），不在者の財産管理人（25条，28条）などがある。権利能力平等の原則により，自然人であれば誰にでも権利能力があるが（3条参照），制限能力者などが，売買契約などの法律行為を

有効になしうるためには，親権者，成年後見人などの法定代理人により意思表示がなされる必要がある（私的自治の補充の機能）。　　　〈平山也寸志〉

□**無権代理**（むけんだいり）　代理権が授与されていないのに，他人の代理人としてなされた行為のこと（113条〜118条）。例えば，A所有の不動産につきBにはこの不動産を売買する代理権が授与されていないのに，BがCに対して，自分はAの土地売却につき代理権が授与されているとして，Aの代理人としてCとの間で売買契約を締結するような場合である。当該行為につき代理権が授与されていないので，このような行為の効果は原則として本人Aに帰属しない。しかし，本人は，無権代理行為を追認して，行為の効果を自己に帰属させることもできる。また，追認を拒絶して自己への効果不帰属を確定的なものにすることもできる（113条）。更に，相手方は本人に対し無権代理を追認するか否かの催告権をもつ（114条）。そして，本人の追認がない間は善意の相手方は行為を取消すことができる（115条）。本人の追認を得られない場合には，行為能力者である無権代理人Bは代理権のないことにつき善意・無過失の相手方に対し，相手方の選択に従い履行または損害賠償の責任を負う（無過失責任）（117条）。
〈平山也寸志〉

□**双方代理**（そうほうだいり）　同一の法律行為につき当事者双方の代理人となること（108条）。例えば，AがBとCの双方の代理人になり，BC間の売買契約を代理して締結するような場合である。このような双方代理は，B，Cいずれかの利益を害する危険があるので，無権代理となると解されている。ただし，「債務の履行」及び「本人があらかじめ許諾した行為」についてはこのような危険がないので例外的に許される（108条但書）。例えば，登記申請について，登記権利者，登記義務者双方の代理人になるような場合である。なお，本人が双方代理を追認し又はあらかじめ許諾している場合には有効となる。　　　〈平山也寸志〉

□**表見代理**（ひょうけんだいり）　無権代理（→）であるが，本人と無権代理人との間に緊密な関係がある場合に有権代理と同様の効果を認め相手方を保護して代理取引の安全を図る制度。表見代理には，①実際にはAは他人Bに代理権を授与していないが，相手方Cに対し代理権をBに授与した旨の表示をした場合（109条），②代理人Bが本人Aから授与された代理権を超えて相手方Cと行為をした場合（110条），③BがかつてAから授与されていた代理権が消滅した後に，代理人であるとして相手方Cと行為をした場合（112条）の3類型が民法典に規定されている。相手方が表見代理で保護されるのは，それぞれ，①相手方が代理権の授与のないことにつき善意・無過失であるとき，②相手方が当該行為が代理権の範

囲内であると信ずるにつき正当理由があるとき、③相手方が代理権の消滅について善意・無過失のときでなければならない。表見代理が成立する場合、本人は無権代理人の意思表示の効果が自己へ帰属することを拒めないことになる。表見代理制度と無権代理人の責任の制度（117条）とは互いに独立した制度であるので、両方の要件を満たす場合には、相手方は、本人に表見代理責任を追及するか、無権代理人に117条の責任を追及するかを選択できる（最判昭62・7・7民集41・5・1133）。

〈平山也寸志〉

□**復代理**（ふくだいり）　復代理とは、代理人が自己の名で復代理人を選任し、代理人の代理権の範囲内で本人の名で代理行為を行わせることをいう（104条〜107条）。例えば、本人Aが代理人Bに対し、Cに対する貸金の取立の代理権を授与したが、BがAの許諾を得て、復代理人Dを選任し、このDにAのCに対する貸金の取立てを行わせるような場合である。任意代理（⇒）の場合には、原則として復代理人を選任できず、「本人の許諾を得るとき」又は「已むことを得ざる事由あるとき」（例：本人の所在不明など）に例外的に、復代理人を選任できる（104条）。法定代理（⇒）の場合には、代理人は復代理人を常に選任できる（106条）。復代理人選任についての本人に対する代理人の責任については、任意代理の場合（105条）に比較して法定代理の場合（106条）の方が広範である。復代理人は代理人の代理人なのではなく、本人の代理人であり、復代理人が行った行為の効果は相手方と本人との間で直接帰属する（107条1項）。

〈平山也寸志〉

□**無効**（むこう）　法律行為の効力が生じないこと。賭博契約、愛人契約、裏口入学の契約等は、公序良俗に反する行為として無効とされる（90条）。他に、意思無能力者による法律行為、心裡留保（93条）、虚偽表示（94条）、錯誤（95条）等による意思表示も一定の要件を満たすとき無効となる。無効は誰にでも主張できるのが原則ではあるが、虚偽表示（94条2項）の場合のように、一定の人に対しては主張できない場合もある。また、無効な行為は追認（116条）しても有効とはならないが（119条）、例外的に、無権代理行為（113条）のように原則無効であるが、本人が追認すると有効になるものもある。無効と取消の違いについては、取消の項参照。

〈勝田信篤〉

□**取消**（とりけし）　なんらかの理由で瑕疵のある意思表示に対して、その効力を最初に遡って失わせること。未成年のした法律行為は、未成年者自身または法定代理人が取り消すことができる（4条、120条）。他に、成年被後見人（9条）、被保佐人（12条）、被補助人（16条）等のした法律行為のうち一定の要件を満たすもの、詐欺・強迫による意思表示（96条）も取消すこと

ができる。

　無効との違いは、取消すことによって意思表示の時点に遡って無効となるのであり（121条）、取消すまでは有効であることである。詐欺による意思表示は、取り消されれば、最初に遡って無効となる（96条）。取消すことのできる行為は、追認されると初めから有効であったものとされ（122条）、もはや取消すことはできなくなる。また、追認できるようになったときから、5年間取消権を行使しないと、時効により取消すことができなくなる（126条）。　　　　　　　　〈勝田信篤〉

□**停止条件**（ていしじょうけん）　法律行為の効果の発生が一定の条件にかかっている場合に、その条件のことを停止条件という（127条1項）。例としては、大学に合格すれば、車を買ってやるという契約が挙げられる。大学に合格するという条件を満たしたときにはじめて、車を買ってやるという契約が有効になる。不法な停止条件、不能な停止条件、単に債務者の意思のみにかかる停止条件を付した法律行為は無効とされる（132条〜134条）。解除条件の項も参照のこと。　　　〈勝田信篤〉

□**解除条件**（かいじょじょうけん）　法律行為の効果の消滅が一定の条件にかかっている場合に、その条件のことを解除条件という（127条2項）。例としては、順調に進級している限り仕送りを続けるが、留年した場合は仕送りを打ち切るという契約が挙げられる。留年という条件が満たされた場合に、仕送りを続けるという契約が効力を失うことになる。停止条件の項も参照のこと。　　　　　　　　〈勝田信篤〉

□**期限**（きげん）　法律行為の効力の発生・消滅、または債務の履行期の到来が、一定の事実の成立にかかっている場合に、その事実が成立する時を期限という。一定の事実は、将来必ず成立するものでなければならない。この点で、将来成立するかどうか不明な事実にかかる「条件」とは異なる。例えば、来年の8月1日に借金を返すという場合の、8月1日が期限である。そして、将来必ず成立する事実にかかるものの中でも、成立する時がはっきりしているものを確定期限、成立する時がはっきりしていないものを不確定期限という。　　　　〈勝田信篤〉

□**期限の利益**（きげんのりえき）　期限が存在するのに、それがまだ到来しないことによって当事者が受ける利益を期限の利益という。4月1日に金を返すという契約の場合、4月1日になるまでは債務を負ってはいるものの、債務を履行する必要はない。これは債務者にとって利益といえる。また、10万円借りて、毎月1万円ずつ返済するが、一回でも返済が遅れた場合、期限の利益を失うという契約の場合、返済が遅れた場合は残金一括返済が求められることになる。　　　　　〈勝田信篤〉

□**期間**（きかん）　ある時点から他の時点まで継続した時の区分。民法は、

法令，裁判上の命令又は法律行為に期間の計算方法が定められていない場合のために，特別に期間の計算方法を定めている（138条以下）。期間について，時・分・秒を単位とするときは，即時から起算し，定められた時・分・秒が経過した時をもって期間の満了とする（139条）。日・週・月・年を単位とするときは，原則として初日を参入せず，その期間の末日の終了をもって期間の満了とする（140条本文，141条）。
〈村山洋介〉

□**取得時効**（しゅとくじこう）　権利者らしき外観を一定期間継続する者に対して，当該権利の取得を認める制度（162条以下）。取得時効の対象となる権利は，所有権（162条）と所有権以外の財産権（163条）である。身分権は取得時効の対象とはならない。所有権の取得時効の要件は，①所有の意思をもって平穏かつ公然に他人の物を占有すること，②占有が，占有のはじめ善意かつ無過失の場合は10年，悪意または有過失の場合は20年継続すること，である。所有権以外の財産権の取得時効の要件は，所有権以外の財産権を自己の為にする意思をもって一定期間行使すること（占有を伴う権利は占有，その他の権利は外見上その財産権を行使する状態＝準占有），②占有または準占有が善意かつ無過失なら10年，悪意または有過失なら20年継続すること，である。所有権以外の財産権の取得時効は，地上権，永小作権，漁業権，鉱業権，特許権，著作権など，継続的な権利行使が可能な権利について認められる。
〈村山洋介〉

□**消滅時効**（しょうめつじこう）　権利を一定期間行使しない者に対して，当該権利の消滅を認める制度（166条以下）。消滅時効の対象となる権利は，債権（167条1項）と所有権以外の財産権（167条2項）である。所有権およびそれに基づく物権的請求権は消滅時効にかからない。消滅時効は取得時効とは別個独立の法律要件であるから，取得時効が完成して本来の権利者の権利が消滅してもそれは取得時効の反射的効果であり，消滅時効の効果ではない。消滅時効の要件は，①権利行使ができるときから権利を行使しないこと，②権利を行使しない状態が一定期間継続すること，であり，時効期間は権利によって異なる。債権の時効期間は原則として10年であるが，弁護士の職務に関する債権や雇人の給料債権など債権の種類により3年以下の短期で消滅する債権もある（170条以下）。債権または所有権以外の財産権の時効期間は，20年である。
〈村山洋介〉

□**時効の援用**（じこうのえんよう）　時効の利益を受ける者が時効の利益を受けようとする意思表示。当事者が時効の援用をしなければ裁判所は時効に基づいて裁判をすることはできない（145条）。時効の援用をできる者は，条文上は「当事者」とされているが，判例は，「時効によって直接に利益を

受ける者」としてその範囲を拡大している。具体的には，債務者の他，保証人，連帯債務者，物上保証人，抵当不動産の第三取得者などがこれにあたるとされている。　　　　　〈村山洋介〉

□**時効の中断**（じこうちゅうだん）　時効の進行中に時効の基礎となる事実状態と相容れない一定の事実が発生した場合に，それまで進行してきた時効期間を無意味にすること。民法は，時効の中断事由として，①請求，②差押・仮差押・仮処分，③承認の３つを法定している。①の請求には，裁判上の請求（149条），支払督促（150条），和解及び調停のための呼び出しまたは任意出頭（151条），破産手続参加（152条），催告（153条 ➡「催告」参照）が含まれる。ただし，これらの中断事由は判決または判決と同一の効力を与えられることにより，その効力が確定しなければ時効の中断の効力は生じない。時効の中断が生じれば，それまで進行した時効期間は無意味になる。したがって，時効の中断事由の終了とともにあらためて時効が進行するが，中断前の時効の進行期間は加算されない。時効の中断の効果は相対的であり，原則として当事者およびその承継人の間においてのみ効力が生じる（148条）。　　　　　〈村山洋介〉

□**時効利益の放棄**（じこうりえきのほうき）　時効の利益を受ける者が時効の利益を受けないとする意思表示。民法は時効完成前に予めする時効利益の放棄を無効としている（146条）。その反対解釈として，時効完成後の時効利益の放棄は有効と解されている。時効利益の放棄は放棄者の一方的な意思表示であり，相手方の同意を必要としない。また，時効利益の放棄は，放棄者にとって債務の存続や権利の喪失という効果をもたらすため，処分に関する能力または権限が必要とされている。
　　　　　〈村山洋介〉

□**時効の停止**（じこうていし）　権利者が権利行使することが著しく困難な事情が発生した場合に，時効の進行を一時的に停止すること。たとえば，時効期間満了直前に天災等の事変が生じ，権利者が権利行使することが困難なときには，天災等の事変が止んだときから２週間だけ時効完成が延期する（161条）。時効の停止は，時効の中断のようにすでに経過した期間を無意味にするものではなく，停止事由がなくなれば停止前の時効期間は生かされて停止後の期間に加算される。
　　　　　〈村山洋介〉

□**除斥期間**（じょせききかん）　一定の権利について法律が予定している存続期間。一定期間の経過により権利が消滅する点で消滅時効と類似した制度である。ただし，除斥期間と消滅時効の差異は，除斥期間には①中断が認められない，②援用を必要としない，③権利発生時から起算される，④遡及効がない，という点にある。なお，「停止」を認めないと権利者に不利になるので，

期間満了時に天災その他により権利行使が困難な場合には，除斥期間についても停止を認める見解が有力である。法律が権利の存続期間を定めている場合に，消滅時効と解すべきか，除斥期間とみるべきかは，権利の性質および規定の目的等から実質的に判断されることになる。一般に，形成権の期間制限は除斥期間と解されている。

〈村山洋介〉

□**催告**(さいこく)　裁判外で債権者が債務者に債務の履行を求めること。催告は時効の中断事由であるが，中断の効力は弱く，相手方が催告に応じない場合には，催告後6ヶ月以内に裁判上の請求や差押えなどの強力な手段を用いなければ中断の効果は生じない（153条）。したがって，催告だけでは単に時効期間が6ヶ月延長されるに過ぎない。催告を繰り返しても時効中断の効力は継続しない。　〈村山洋介〉

□一物一権主義
いちぶついっけんしゅぎ

①一つの物権の客体は、独立した一個の物でなければならない、②一個の物には同一内容の物権は一個しか成立しない、という2つの意味がある。②は、物権の排他性を示すものである。①の根拠としては、物の一部に独立の物権を認めることは、社会的必要や実益が乏しいこと、及び、これを認めたときは、公示が困難であり、特に、不動産の場合には、登記面に混乱が生じる、ということが挙げられる。

〈上河内千香子〉

□物権法定主義
ぶっけんほうていしゅぎ

物権は、民法その他の法律に定められているもの以外には創設し得ない、ということ（175条）。したがって、契約で民法等で定められていない新しい物権を創設したり、物権の法定された内容を変更することはできない。物権法定主義が採用された理由の一つとしては、「所有権の自由」を不当に制約するような封建的又は非合理的な負担を廃止することが挙げられる（民施35条参照）。しかし、この物権法定主義には、制定法上の物権の種類が少なく、このため、民法制定前から存在した地域的な慣行上の権利への配慮が不十分、あるいは、経済取引の要請に十分に対応できない、という問題がある。それ故に、慣習法上の物権が認められるに至っている。前者の問題意識に対応して、判例上認められるに至ったものとしては、水利権、温泉権がある。後者について、判例上認められるに至ったものとしては、譲渡担保、代物弁済の予約がある。

〈上河内千香子〉

□物権
ぶっけん

物権とは、特定の物を直接支配して利益を享受する排他的な権利のことをいう。所有権に代表される。物を「直接に支配する」とは、他人の行為を介することなく、目的物から生じる利益を享受することを意味し、それが「権利」として保護されているということは、その支配の侵害があったときには、これを排除して円満な支配を回復できる、ということを意味する。したがって、物の所有者は、自己の意思に基づいて、物を自由に使用・収益・処分することができ、これらの権利行使が妨げられたときには、妨害者に対して、妨害排除を請求することができる。このような物権とは異なり、債権は、債権者が債務者に対して一定の行為をなすことを請求し得る権利である。そのほか、物権は、すべての人に対して主張できる権利（対世権、絶対権）であるのに対して、債権は、原則として第三者に権利を主張できない（対人権、相対権）という区別もされる。

〈上河内千香子〉

□物権変動
ぶっけんへんどう

所有権、抵当権などの物権が、発生・変更・消滅すること。例えば、家を新築すれば、所有権が取得され（所有権の発生）、この家屋を増築すれば、所有権の内容が変わり（所有権の内容の変更）、さらに、この家屋が、焼失した

り，譲渡されれば，所有権は失われる（所有権の消滅ないし喪失）。また，物権の主体の側からみれば，物権の得喪（取得・喪失），変更と総括し得る。物権変動の生ずる原因には，法律行為に基づくもの（176条）と法律行為によらざるものがある。前者は，例えば，売買・贈与などによる所有権の譲渡や，地上権，抵当権の設定のような契約のようなものである。後者は，時効（162条），混同（179条），先占（239条），遺失物拾得（240条），埋蔵物発見（241条），附合・混和・加工（242条以下），相続（882条以下）のように，人の行為によらない，あるいは，人の行為によるとしても法律行為とはいえないものである。　　　〈上河内千香子〉

□**物権行為**（ぶっけんこうい）　債権・債務の発生を伴うことなく，物権の設定や移転等，物権変動そのものを生ずることを目的とする法律行為。抵当権や地上権の設定契約などは，その例である。これに対して，売買や贈与等のように，直接には，債権・債務を発生させるが，終局的には，物権の移転を目的としている法律行為を債権行為という。このような概念は，例えば，所有権移転は，売買契約などの債権行為のみで生じるのか，それとも，債権行為に加えて，物権行為をも必要とするのか（物権行為の独自性），さらに，後者と考える場合には，債権行為が無効，あるいは，取り消されたときには，物権変動の効力にどのような影響を及ぼすことになるのか（物権行為の無因性）という問題を考えるにあたり，必要である。右の問題について，立法には，2つの立場があり，例えば，ドイツでは，物権行為の独自性を肯定した上で，物権行為と債権行為は無因，という立場を採用するのに対して，わが国及びフランスでは，物権行為の独自性を否定する立場を採っている。

〈上河内千香子〉

□**二重譲渡**（にじゅうじょうと）　一度売却した物をさらに他に二重に売ること。例えば，Aが，Bに不動産を売却したが，さらに，同じ不動産をCに売却するような場合である。もっとも，民法では，物権変動に意思主義が採用され，売買契約の当事者の意思の合致（契約）のみで所有権が買主に移転することとなっているので（176条），二重譲渡の場合にも，第一の売買契約により，所有権は，第一の買主に移転しており，第二の売買契約の際には，売主は，既に，目的物の所有権を有しない，とも考えられる。しかし，民法は，対抗要件主義の採用により，意思主義の原則によるこのような結果を制限した。つまり，第一の買主が，当然に完全な権利者になるのではなく，法律的には，第一，第二の売買契約は，ともに有効であるが，不動産については登記，動産については引渡しという対抗要件を先に具備した方が完全な権利者となり（177条，178条），他方の売買は履行不能となるのである。　〈上河内千香子〉

□対抗要件

当事者間では効力の生じている権利関係を第三者に主張（対抗）するための法律要件のこと。これに対して，法律関係が当事者間で効力を有するための要件を成立要件という。

例えば，物権変動の成立要件は意思表示（176条）であり，不動産に関する物権の得喪・変更の対抗要件は，登記（177条）である。したがって，AとBとの間で，A所有の不動産に関する売買契約が締結されたとしても，Bは，登記を経由しなければ，自己の所有権取得を第三者に主張することはできない。他方，動産に関する物権の譲渡の対抗要件は，引渡し（178条）である。不動産賃貸借の対抗要件は，その後，その不動産について物権を取得した者に対しては，登記である（605条）。そのなかでも，特に，借地権については，土地の上に借地権者が登記されている建物を有すること（借地借家10条），建物の賃貸借については，その後その建物について物権を取得した者に対しては，建物の引渡しである（借地借家31条）。また，指名債権譲渡・質入れの対抗要件は，債務者への通知又は承諾であるが，これを債務者以外の第三者に対抗するためには，内容証明郵便など「確定日附アル証書」（民施4条，5条）による（364条，467条）。そのほか，慣習法的に発生した対抗要件として，明認方法がある。

〈上河内千香子〉

□公示の原則

物権の変動には常に外界から認識しうる何らかの表象（＝公示）を伴うことを必要とし，現在の権利状態として公示された状況と両立しえない物権変動は，それが公示されない限り，その物に関して取引関係に入ろうとする者に対して主張しえないという原則。公示の原則には，その立法主義として，対抗要件主義と成立要件主義とがある。わが民法とフランス民法は前者を採用し，ドイツ民法は後者を採用した。わが民法は，不動産物権変動については登記を対抗要件とし（177条），動産物権変動については引渡しを対抗要件としている（178条）。たとえば，不動産が二重譲渡された場合には，二重譲受人の所有権取得は互いに両立しえない物権変動であるから，それらは対抗関係に立ち，登記をしなければ，互いに所有権を対抗しえない。しかし，動産取引の場合には，取引の頻繁さから現実の引渡しに対する不便感が生じたため，簡易な引渡方法を承認した結果（182条以下），公示力の弱体化現象が生じた。確かに，質権の設定は現実の占有移転を要件化し，公示の原則を維持しているが（345条，352条），その不便さも手伝い，これに代わる動産譲渡担保の頻繁な利用から，結局，動産取引においては，公示の原則は有名無実化した。

〈石口　修〉

□公信の原則

非権利者の権利者らしい外観（公示）を

信頼して当該取引関係に入った善意かつ無過失の第三者の立場を尊重し、非権利者に実体的な権利がなくとも、これがあった場合におけると同様の効果、すなわち、当該第三者に権利の取得を認め、あるいは、第三者への弁済を有効とするという原則。表見的信頼の保護という意味において、表見法理ともいう。たとえば、カメラ店Bが、真正所有者Aから修理のために預かっていたカメラをCに売却した場合において、CがBの所有物（商品）であると信頼して売買契約を締結したときには、Cには所有権取得の期待があり、この信頼を保護すべきであるが（取引安全の保護）、公信の原則は、この考え方を一歩進め、真正所有者Aに所有権があっても、第三者Cが善意・無過失である場合には、Cに所有権の取得を認め、その反射的効果として、Aの所有権を失わせるという効果を導く（192条＝即時取得）。つまり、AとCとを天秤に掛けて、いずれの立場を尊重すべきであるかを決するという考え方である。公信の原則の具体化としては、即時取得のほか、表見代理（109条以下）、債権の準占有者への弁済（478条）などがある。　　　　　　　　〈石口　修〉

□**背信的悪意者**（はいしんてきあくいしゃ）　実体上、物権変動があったという事実を知る者（悪意者）のうち、特に、当該物権変動に関して登記の欠缺を主張することが信義に反するものと認められる事情を有する者であり、民法第177条の「第三者」から排除される者のこと（最判昭43・8・2民集22・8・1571）。たとえば、AからB、AからCという具合に不動産の二重譲渡がなされた場合において、Cが先に登記をすれば、CがBに優先して所有者になるが（177条）、このCが、詐欺または強迫によってBの登記申請を妨げた者であり（不登法4条）、あるいは、Bのために登記を申請する義務を有する者（同法5条）、たとえば、登記申請を依頼された司法書士などである場合には、Cは、Bの登記欠缺を主張するにつき正当な利益を有しない者として、民法第177条の第三者にあたらないので、Bは、Cに対しては、登記がなくとも所有権を対抗することができる。判例では、CがBに対して困らせてやろうとか、恨みを晴らすとか（最判昭36・4・27民集15・4・901）、あるいは、高額買取りを請求する（前掲最判昭43・8・2）などの不当な目的を果たすためにAから登記を得た事案など、信義則・権利濫用・公序良俗に反するケースにおいて背信的悪意者と認定されている。　　　　　　　　〈石口　修〉

□**登記**（とうき）　原則として、物権の取得・喪失・権利内容の変更といった物権変動を第三者に対抗するための公示方法のこと。不動産に関する物権変動は、不動産登記法に基づいて登記をしなければ第三者に対抗することはできない（177条）。登記は、当事者の申請や官公署の嘱託、あるいは登記

所の職権により，登記所（＝法務局）に備え付けられた登記簿に権利変動が記入されることにより，効力が発生する。登記できる権利としては，所有権，地上権，永小作権，地役権という用益物権と，先取特権，質権，抵当権という担保物権に大別されるが，債権である賃借権と，地上権に類する採石権も登記することができる（不登法1条）。また，立木所有権及び立木抵当権（立木法2条），農業用の動産類・工場財団・建設機械など特殊な動産の抵当権（農業動産信用法12条以下，工場抵当法9条，建設機械抵当法7条など），更に，債権譲渡も法人に限り登記することができる（債権譲渡特例法1条）。更にまた，成年後見制度に基づく登記もある（後見登記法，任意後見契約法）。なお，最近は，従来のバインダー式登記簿から磁気ディスク登記簿へと電子化によるブックレス化が進んでおり，また，登記申請手続の電子化も検討されている。　　　　〈石口　修〉

□**登記請求権**（とうきせいきゅうけん）　登記権利者が登記義務者に対して登記に協力せよと請求する権利のこと。登記協力請求権ともいう。たとえば，AがBに土地を売買した場合には，Bは，実体法上，所有権を取得するが（176条），これを第三者に対抗するためには登記を要するので（177条），買主Bは登記権利者として，登記義務者である売主Aに対して，所有権移転登記に協力するよう請求することができる。しかし，土地がAからB，BからCへと売買され，登記がAに残っている場合には，Cは，Bに対し，民法上は登記を請求できるが，Bに登記がないことから，不動産登記法上は登記を請求することはできない（不登法26条1項＝共同申請の原則）。それゆえ，この場合において，BがAに対して登記請求権を行使しないときには，Cは，Bの登記請求権を代位行使することによって，自己の登記請求権を保全することになる（423条）。このように，登記請求権は，実体法と登記法とに密接に関係している。登記請求権は，物権的請求権ないしその一種と解されているが，双務契約に基づく場合には，同時履行の抗弁権（533条）との関係から，契約関係に服すべき権利として，債権的請求権と解したり，物権的請求権と債権的請求権とが併存する権利と解する有力説がある。　　〈石口　修〉

□**中間省略登記**（ちゅうかんしょうりゃくとうき）　不動産に関する物権変動がAからB，BからCへと発生した場合において，中間者Bから同意を得て，Bへの登記を省略し，直接AからCへの登記を行うこと。登録免許税の節税や登記の手間を省くために古くから行われ，大審院の判例は，当初，これを無効としていたが（大判明44・5・4民録17・260など），その後，A・C間の合意とともに，中間者Bの同意があれば有効であるとし（大判大11・3・25民集1・130），更に，中間者Bの同意

がない場合でも、Bがすでにcから代金を受領していたときのように、Bが自己を経由せよと請求するにつき客観的利益がないときには、Bは登記の抹消を請求することができないとされており（最判昭35・4・21民集14・6・946）、この場合には事実上、同意なき中間省略登記でも有効となる。Bの登記協力義務とCの代金支払債務とは同時履行関係に立つが、Bが代金を受領していれば、もはやBには登記協力を拒否する権利はなく、それゆえ、Cが中間省略を欲していれば、Bには登記を経由する客観的利益がないといえるのである。また、CにはAに対する直接的な登記請求権があるかも問題となるが、判例は、A及びBの同意があれば、Cは直接Aに対して中間省略登記を請求することができるものとした（最判昭40・9・21民集19・6・1560）。

〈石口　修〉

□**明認方法**（めいにんほうほう）　山林に成育中の雑木林（＝立木）だけを売買した場合において、この立木が、立木法による立木登記をしていないときにおける所有権取得の公示方法である。明認方法は、売買した樹木に標識を付したり、木の皮を削ったりして、そこに所有者の氏名を明記する方法が一般的である。明認方法を施すと、他人の所有地上に存する建物に関する登記と同様、山林（土地）に地上権や賃借権を設定した場合と同様の効力が認められる。ただ、明認方法は、継続していなければ、その対抗力を失う。

〈石口　修〉

□**混同**（こんどう）　同一の物の上に所有権と制限物権が存在する場合において、それらが同一人に帰属したときには、制限物権を残す意味がないので、消滅するものとした。これを物権の混同という（179条1項）。地上権者や抵当権者が、その目的不動産を取得したような場合が典型例である。地上権や抵当権が所有権に吸収される形になる。ただ、その物または物権が第三者の権利の目的となっている場合には、権利の両立が認められる（同項但書）。たとえば、一番抵当権者が抵当不動産を取得した場合において、二番抵当権が存在するときのように、一番抵当権が消滅すると、二番抵当権者をことさら優遇し、所有者となった一番抵当権者を圧迫するので、この場合には、一番抵当権は消滅しない。また、混同した抵当権に第三者の転抵当権（375条）が設定されている場合にも、抵当権は消滅しない。

〈石口　修〉

□**占有権**（せんゆうけん）　占有という事実を要件として生じる権利。民法の定める物権の1つで、占有という物支配の事実状態に法が権利としての法的保護を与えたことから認められる。ここで、占有とは、①物の所持（社会通念上ある人が物を事実上支配していると認められる状態）と②自己の為にする意思を成立要件とする（180条）。たとえば、Aが自らの為にする意思をも

ってある物（土地，本など）を事実上その支配下に置いているときに，Aはその物の占有権を取得する。なお，Aによる占有権の取得に関しては，Aがその物の占有を正当化する権原（占有権と区別され「占有すべき権利」等という）を有するか否かは問われない。したがって，Aが目的物を盗んできたような場合にも，Aの占有権は認められる。占有権の効力としては，権利の推定（188条），果実の収取権（189条，190条），即時取得（192条＝善意取得）等が認められる。また，その侵害に対しては，占有訴権による保護が与えられる（197条以下）。　　〈堀田親臣〉

□代理占有・占有代理人

他人（占有代理人）が目的物を所持し，その所持を通じて本人が取得する占有を代理占有という（181条）。これに対し，本人自らが目的物を所持する占有を自己占有という。代理占有の要件は，①占有代理人が目的物を所持し，②本人の為にする意思を有し，かつ③本人と占有代理人との間に占有代理関係が存することである。占有代理人は，占有が法律行為でないことから本来の代理人とは異なり，また，独立の所持を有するという点で占有補助者と区別される。　　〈堀田親臣〉

□直接占有・間接占有

代理占有との関係で，占有代理人（現実に者を占有する者）の有する占有を直接占有，占有代理人の占有を介して本人が有する占有を間接占有という。両概念は，本来ドイツ民法上の概念で，わが国では，間接占有は代理占有にほぼ対応するものとして用いられる。Aがその所有する建物をBに賃貸に出した場合を例とすると，B（占有代理人・賃借人）の占有が直接占有，A（本人・賃貸人）に認められる占有が間接占有である。　　〈堀田親臣〉

□占有改定

当事者の意思表示のみによってなされる物の引渡し（占有移転）の一態様。物の引渡しに際し，譲渡人が目的物を譲受人に現実に引渡すことなく引き続き占有する場合に，譲渡人が以降譲受人のために占有する意思を表示することによって，譲受人が占有を取得する方法（183条）。たとえば，AがBに対しパソコンを譲渡したような場合に，Aが引き続きそのパソコンを占有・使用するときには，A・B間で以降AがBのために目的物を占有する旨の合意がなされることだけで，Bは目的物上の占有権（代理占有）を取得する。なお，民法が占有改定による占有権の取得を認めるのは，AからB，BからAという二度の現実の引渡しの手間を省くためである。占有改定は，特に動産取引との関係で重要であり，動産物権変動の対抗要件としての「引渡し」（178条）に含まれる。このことから，債権を担保する目的でなされる動産の譲渡（動産の譲渡担保）では，その対抗要

件を具備する手段として，占有改定は重要な役割を果たしている。ただし，占有改定は，外観上従来の物支配の状態に変更を生じるものでなく，その公示機能は十分ではない。このため，判例は，動産の即時取得（192条＝善意取得）の成立要件として，占有改定による占有取得では足りないと解している（学説は分かれるが，判例を支持するものが多い）。〈堀田親臣〉

□**引渡し**（ひきわた）　占有を移転すること。引渡しの態様について，民法は4種類のもの（①現実の引渡し（182条1項），②簡易の引渡し（182条2項），③占有改定（183条），④指図による占有移転（184条））を定める。占有の移転は当事者の意思に基づいて行われうるが，民法では，所持の現実的移転を伴う現実の引渡し（182条1項）を原則とする一方で，一定の場合に，所持の現実的移転がなくとも，関係当事者の合意のみによって占有が移転することも認める（前記②〜④，なお，以上のことから，182条1項の引渡しは現実の引渡しのみを意味する）。引渡しは，動産の物権変動との関係では，第三者に対する対抗要件である（178条）。そこでの引渡しには，前記4種類のものが含まれる。これに対し，質権については，物の引渡しが効力発生要件とされているが，その引渡しには占有改定は含まれない（344条，345条）。動産の引渡しは，即時取得（192条＝善意取得）の要件としても重要である。〈堀田親臣〉

□**簡易の引渡し**（かんいのひきわた）　譲受人またはその代理人が現に目的物を所持している場合に，当事者の合意だけで譲渡人から譲受人に占有（権）を移転する方法（182条2項）。たとえば，Aがその所有物をBに賃貸に出していた場合で，その後A・B間で当該目的物の売買契約が締結されたときに，A・B間での引渡しの方法として用いられる。この場合の譲渡人Aから譲受人Bへの占有移転の効果は，①Bが現に目的物を所持し，②A・B間で占有移転の合意がなされることを要件として生じる。また，A・B間での契約締結前に，Bが当該目的物をさらに第三者Cに転貸していたような場合には，CがBの占有代理人となる。このように譲受人の占有代理人が目的物を所持している場合にも，A・B間の合意だけで，占有移転の効果が生じる。ところで，民法がこのような引渡しの態様を認めているのは，譲受人が一度目的物を譲渡人に返還し，改めて譲渡人が譲受人に目的物を引渡すという手間を省くためである。〈堀田親臣〉

□**指図による引渡し**（さしずによるひきわた）　譲渡人が占有代理人により目的物を占有している場合であって，その譲受人も引き続きその占有代理人に目的物を占有させようとするときに用いられる引渡しの方法（184条，指図による占有移転ということもある）。この場合に，譲受人が占有（権）

を取得するための要件は，①譲渡人が目的物の占有代理人に以降譲受人のために占有するよう命じ，かつ②譲受人がそのことを承諾することである。なお，占有代理人が譲受人のために占有することを承諾するということは要件とされない。以上のことから，たとえば，譲渡人Aがその所有物をCに預けていた場合で，その後Aが当該目的物を譲受人Bに譲渡し，Bも引き続きその物をCに占有させたいときには，Bの承諾を前提として，AがCに以降Bのために占有するよう命じることによって，Bは目的物上の占有（権）を取得する。指図による引渡しが認められるのも，現実の引渡しが当事者間で繰り返される手間を省くためである。

〈堀田親臣〉

□**自主占有・他主占有**（じしゅせんゆう・たしゅせんゆう）　占有者が所有の意思をもってする占有を自主占有，その意思のない占有（他人が所有権を有することを前提とする占有）を他主占有という。占有者の所有権限の有無は問われない。所有の意思とは，占有者が所有者として目的物を占有する意思のことをいい，占有者が自身を所有者であると信じることではない。所有の意思の有無は，占有を生じさせた原因の客観的性質によって判断されると解されている。なお，占有者は所有の意思を有することが推定される（186条1項）。以上のことから，たとえば，盗人が目的物を占有する場合にも，盗人の自主占有が認められる。また，地上権者，賃借人等の有する占有は，その権原の性質上，他主占有である。ところで，他主占有から自主占有への変更は，自己に占有をさせた者に対する所有の意思の表示，又は新権原による自主占有の開始を必要とする（185条）。自主占有は，取得時効・先占等の要件として重要である（162条，239条，191条）。

〈堀田親臣〉

□**占有の承継**（せんゆう しょうけい）　占有権の取得には，原始取得と承継取得とがあるが，後者の場合（たとえば売買の場合）において，前の占有者の占有が同一性を保ちながら新占有者に移転すること。占有を承継した者は，一面では前主の占有を承継するとともに，他面では，占有が物の事実的支配を基礎とすることから，自ら新たな占有を開始したことにもなる。占有の承継人は，その選択に従って，自己の占有のみを主張してもよいし，自己の占有に前の占有者の占有を併せて主張してもよい（187条1項）。ただし，前の占有者の占有を併せて主張する場合には，その瑕疵（悪意・有過失など）もまた承継しなければならない（187条2項）。なお，占有は，相続によっても承継される。この場合の占有の移転は，相続人の相続開始についての知・不知や相続財産の現実の所持とは無関係に法律上当然に生じる。〈鎌野邦樹〉

□**即時取得（善意取得）**（そくじしゅとく（ぜんいしゅとく））　動産を占有してい

る無権利者から，この者を真の権利者であると過失なくして誤信して，その物の引渡しを受けた者に，その動産について完全な権利（所有権または質権）を取得させる制度（192条）。たとえば，AがBに預けていたパソコンを，BがAに無断でCに売買した場合において，Cが，売買の際に，同パソコンについてBが占有していることからBが所有権者であると信じ，かつ，そう信じたことに過失がない場合には，パソコンについての所有権の取得がCに認められる。これは，Bのもとにある占有に公信力を認めたものである。即時取得の要件は，①目的物が動産であること，②取引による承継取得であること，③譲渡人が無権利・無権限であること，④譲受人の取得が平穏・公然・善意・無過失であること，⑤譲受人が占有を取得すること，である。なお，上記の例で，BがAのパソコンを盗んだり，拾ったりした場合（盗品・遺失物の場合）には，被害者または遺失者であるAは，盗難または遺失の時より2年間は，Cに対してその物の回復を請求することができる（193条）。この場合に，Cが，競売や公の市場においてこのパソコンと同種の物を販売する商人Bから買ったときには，Aは，CがBなどに払った代価を弁償しなければ，その物の回復を請求することができない（194条）。　　〈鎌野邦樹〉

□占有訴権（占有の訴え）

物の占有者が，物の占有を妨害されたときに，その占有が正当な権利（本権）に基づくものか否かにかかわらず，占有に基づいて妨害の排除・除去を請求することができる権利（197条，202条）。占有の侵害の態様に応じて，占有保持の訴え，占有保全の訴え，占有回収の訴えがある。占有保持の訴えとは，占有を妨害されてた場合にその妨害の停止・除去（排除）および損害賠償を請求することである（198条）。たとえば，隣地の木が倒れてきた場合や他人が無断で自己の土地に土砂などを投棄した場合にこの請求ができる。占有保全の訴えとは，占有が妨害されるおそれがある場合に，妨害の予防または損害賠償の担保を請求することである（199条）。たとえば，隣地の木が倒れてきそうな場合にこの請求ができる。占有回収の訴えとは，物の占有を奪われた場合に，その物の返還および損害賠償を請求することである（200条）。たとえば，自己の占有している不動産から追い出されて占拠された場合や動産を奪われた場合にはこの請求ができる。占有訴権は，占有の侵害という客観的事実のみによって発生し，相手方（占有の侵害者）の故意・過失を必要としない（ただし，損害賠償請求権については，相手方の故意・過失が必要であると解されている）。　〈鎌野邦樹〉

□準占有

自己のためにする意思をもって、財産的利益を事実上支配することをいう（205条）。財産的利益としては、債権のほか地役権、先取特権、抵当権、著作権、特許権、商標権、鉱業権、漁業権などがある。これらの権利に対して、物（有体物）の事実的支配としての占有と同様の関係として、準占有が認められる。民法上、占有に関する規定が準占有に準用されること（205条）により、準占有者にも占有訴権が認められる（ただし、債権の準占有者については議論がある）。　〈鎌野邦樹〉

□物権的請求権

物権の円満な物支配の状態が妨げられ、またはそのおそれがあるときに、本来の支配状態の回復、または妨害の予防措置を求める請求権をいう。民法には直接定められていないが、その存在は当然とされている（物権の本質や、202条で占有訴権のほかに「本権ノ訴」の存在が前提とされることなど、様々な根拠が考えられる）。物権的請求権は、物権侵害の態様に応じて、返還請求権、妨害排除請求権、妨害予防請求権に分類される。物権的請求権の内容として、物権者が相手方に行為を求める行為請求権と、自らする行為の受忍を相手方に求める忍容請求権とがあり得る。これをどう考えるかが、とくに費用負担の問題と関連して論じられている。たとえば、Aの所有地にBの所有地から石垣が崩落した場合に、石垣の撤去について、Aは土地、Bは石垣の所有者として、それぞれ相手方に何を求めるのか、またその際の費用負担をどうするかが問題である。物権的請求権が成立するには、物権侵害またはそのおそれが、客観的にみて違法といえればたりる。不法行為責任と異なり、相手方の故意・過失という主観的要件は必要ない。基礎となる物権が消滅すれば、物権的請求権も消滅する。所有権には消滅時効がない（167条）が、これに基づく物権的請求権が独立に時効で消滅することはないというのが判例である（異論もある）。

〈藤井徳展〉

□物権的返還請求権

物権的請求権の一類型。目的物の占有を侵奪された場合に、その返還を求める請求権をいう。無権原者が目的物を現に占有し、占有すべき物権者が占有していない場合に生じる。無権原占有者を請求の相手方とする。相手方の故意・過失や占有を取得した事情は問わない。たとえば、Aが所有自動車を泥棒Bに盗まれた場合のほか、友人Cに貸したが期間終了後も返してくれないという場合でもよい。また、占有回収の訴えと異なり、物権者がかつて目的物を占有していたという事情は必要ない。　〈藤井徳展〉

□物権的妨害排除請求権

物権的請求権の一類型。目的物の占有侵奪以外の物権侵害につき、その排除

を求める請求権をいう。主に不動産について生じる。原則として，妨害状態を生じさせている者を請求の相手方とする。相手方の故意・過失やその者の行為によるかどうかを問わない。たとえば，Aの所有地にBの所有地から石垣が崩落した場合に，それがB自身のほか，第三者Cの行為によるときでもよい。近時は，抵当権侵害や，生活妨害・公害などによる所有権侵害を理由とした妨害排除請求が論じられている。
〈藤井徳展〉

□物権的妨害予防請求権

物権的請求権の一類型。物権侵害が生じるおそれのある場合に，その予防措置を求める請求権をいう。妨害が将来生じるおそれがあればたり，妨害がかつて生じたことは必要ない。原則として，妨害のおそれを生じさせている者を請求の相手方とする。相手方の故意・過失やその者の行為によるかどうかを問わない。たとえば，隣地が深く掘削されたためにAの所有地が崩落する危険がある場合に，それが隣地所有者B自身のほか，第三者Cの行為によるときでもよい。
〈藤井徳展〉

□所有権

所有権は，物（有体物）を全面的・一般的に支配する物権であり，それゆえ物の所有者は，法令の制限内において，自由にその所有物の使用，収益および処分をなすことができる（206条）。所有権は，地上権などの用益物権や抵当権などの担保物権によって制限されることもあるが，その制限が消滅すれば，元の完全な支配権を回復する（弾力性）。また，所有権は，存続期間の制限がないので（恒久性），消滅時効にかからない（167条2項）。
〈大野　武〉

□所有権の原始取得

所有権の取得原因には，契約や相続などにより前主の所有権を後主が取得する承継取得と，前主の所有権に基づかないで所有権を取得する原始取得とがある。所有権の原始取得とは，前主の所有権とは無関係に所有権を取得することであるので，前主の所有権に用益物権や担保物権などの制限物権やその他の権利や負担がついていたとしても，それらは現在の所有者には承継されない。所有権に特有の原始取得の方法には，①無主物の先占（239条），②遺失物の拾得（240条），③埋蔵物の発見（241条），④添付（附合・混和・加工の総称）（242条〜248条）の4種が規定されているが，現代の取引社会では，これらの方法による所有権取得は実際にはかなり特殊であり，むしろ所有権の承継取得の方が重要な作用を営んでいる。なお，原始取得は，所有権に限らず，それ以外の権利についても生じる。具体的には，時効取得（162条，163条）や即時取得（192条）なども原始取得であるとされている。
〈大野　武〉

□相隣関係

土地の所有者は，原則として自由にその土地

の使用，収益および処分をなす権利を有する（206条）。しかし，ある土地が他の土地と物理的に隣接しているとき，ある土地の利用が，隣接する他の土地の利用に何らかの影響を与えることは避けられない。そこで，民法は，隣接する土地所有者相互間の利用を調整するために相隣関係の規定を設けた。具体的内容については，①境界付近の建物の建築等のための隣地使用権（209条），②袋地所有者のための囲繞地通行権（210条〜213条），③排水・水流に関する相隣関係（214条〜232条），④境界に関する相隣関係（233条〜238条）がある。これらの相隣関係規定の適用は，隣接する不動産の所有権に限定され，その準用もわずかに地上権にとどめられている（267条。ただし，永小作権・賃借権にも類推適用されるとの見解が有力である）。なお，相隣関係の各規定は，今日の都市化した社会では時代遅れのものも多く，都市部では都市計画法や建築基準法などによって利用の調整が図られている。

〈大野　武〉

□**囲繞地通行権**（いにょうちつうこうけん）　ある土地が他人の土地に取り囲まれて公路に出られない場合（袋地），および池沼・河川や水路・海を経由しなければならないか，崖のためある土地と公路との間に著しい高低差がある場合（準袋地），その土地の所有者は，その土地を取り囲んでいる土地，すなわち囲繞地（いにょうち）を通行することができる（210条）。通行の場所および方法は，通行権者に必要な範囲で，かつ囲繞地の損害が最も少ないものでなければならないが（211条1項），通行権者が必要とするときは道路を開設することができる（211条2項）。ただし，通行権者は，通行地の損害について償金を支払わなければならない（212条）。もっとも，従来袋地でなかった土地において，土地の分割や一部譲渡によって袋地が生じたときは，その袋地の所有者は分割・譲渡された他方の土地にしか通行権が認められない。この場合においては，償金を支払う必要はない（213条）。

〈大野　武〉

□**区分所有権**（くぶんしょゆうけん）　一棟の建物の中に構造上区分された2以上の部分で，独立して住居のほか店舗，事務所，倉庫その他建物としての用途に供することが可能なものを目的とする所有権である（建物区分所有法1条）。所有権を含む物権の目的としては，原則として，特定され，かつ，独立した一個の物でなければならない（一物一権主義の原則）。建物についても同様に，一棟の建物の全体が一個の物であるが，構造上の独立性，利用上の独立性といった一定の要件をみたす場合には，独立して所有権の目的となることができる。また，このような権利の成立時期については規定がない。さらに，一棟の建物の中に区分所有権の目的とされる複数の部分が存在する場合でも，それだけで当然に区分所有

関係は発生しない。建物区分所有法における区分所有権は，改正を経る毎に区分所有権を有する者の多数決による団体的制約が一層強められ，所有権の絶対性及び排他性という側面が漸次後退しつつある。 〈竹田智志〉

□**専有部分**（せんゆうぶぶん）　区分所有権の目的である建物部分であり，構造上，利用上独立した建物の部分である。専有部分の使用方法に関する事項は規約によって定めることができる（建物区分所有法30条）。区分所有権は，専有部分を目的とする所有権であり，区分所有者は専有部分の所有者である（同法2条）。なお，特定の専有部分を区分所有者全員の共有とすることもできるし，また区分所有権の目的となりうる隣接する建物の部分の複数個を1個の専有部分にもできる。 〈竹田智志〉

□**共用部分**（きょうようぶぶん）　専有部分以外の建物部分であり，専有部分に属さない建物の付属物，規約により共用部分とされた付属の建物（建物区分所有法2条4項）の総称である。共用部分には，区分所有関係の成立と同時に法律上当然に共用部分となる法定共用部分，規約により共用部分とされる規約共用部分に分けられる（同4条）。共有部分については，区分所有者全員の用に供される全体共用部分と，一部の区分所有者の用に供される一部共用部分がある。 〈竹田智志〉

□**無主物の先占**（むしゅぶつのせんせん）　所有者のいない無主の動産について，自己の所有とする意思を持って他人より先に占有することによって，その所有権を取得すること（239条1項）。たとえば，①海で釣りをしていた人が魚を釣上げ，持参したクーラーバックに入れて持ち帰ること，②ある人が粗大ゴミ置き場に捨てられていた本箱を自宅に持ち帰り利用すること，③漁業会社が従業員の漁場での労働で魚を捕獲することなどがこれにあたる。つまり，①，②の自己占有だけではなく③のような代理人や機関による占有も含まれる。なお，所有者のいない無主の不動産（土地・建物）については，国庫に帰属し，無主物の先占の対象とはならない（239条2項）。 〈大澤正俊〉

□**遺失物の拾得**（いしつぶつのしゅうとく）　遺失物は，拾得者による警察署等への届出の後，遺失物法の規定に従い公告をした後6ヶ月以内にその所有者がわからないときは，拾得者がその所有権を取得する（240条）。遺失物とは，占有者の意思によらないでその者の所持を離れてしまった物のうちで，盗品ではない物である。たとえば，落とし物や忘れ物などであるが，遺失物法では，犯罪者が置き去った物（遺失11条），誤って占有した物，他人が置き去った物，逃げ出した家畜（遺失12条）も遺失物に準じて扱うこととしている。また，遺失物法により，拾得者が遺失物を拾得した日から7日以内に届け出なかった場合には，所有権を取得する権利を失うと規定（遺失9条）

し、さらに、公告後6ヶ月を経過して所有権を取得した後、2ヶ月以内にその物を引取らないときは所有権を喪失する（遺失14条）と規定する。

〈大澤正俊〉

□**埋蔵物の発見**（まいぞうぶつのはっけん）　土地その他の物（包蔵物という）の中に置かれていて、誰が所有者であるのか容易に分からない物を発見した場合、遺失物法の規定に従い公告した後、6ヶ月以内に所有者が分からなかったときは、その発見者が所有権を取得する（241条本文）。たとえば、自己の所有する畑を耕していて埋蔵されていた金貨の入った壺を発見した場合。但し、包蔵物が他人の物であるときは、その包蔵物の所有者と折半する（241条但書）。たとえば、畑を借りて耕していた人がその畑の中から埋蔵されていた金貨の入った壺を発見した場合。なお、発見した埋蔵物が文化財保護法（2条）で規定されている文化財にあたるときは、その物の所有者が判明しないときは所有権は国庫に帰属し、発見者などにはその埋蔵物の価格に相当する報償金が支給される（文化財63条、63条の2）。

〈大澤正俊〉

□**添付**（てんぷ）　添付とは附合（242〜244条）、混和（245条）、加工（246条）の総称である。所有者の異なる2個以上の物が何らかのかたちで結合し、1個の物となり分割できなくなった場合（附合・混和）、または、他人の物に対して労力を加えることにより新たな物を生じた場合（加工）に、これを現状に戻すことによる社会経済的不利益を避けるため、その1個の物に対して誰か1人に所有権を認め、当事者による分離、復旧の請求権を認めない。これによって従来の所有者の所有権が消滅した場合、これを前提とした権利は消滅する（247条1項）が、反対に、上記の従来の所有者が合成物、混和物、加工物の単独の所有者となった場合には、消滅前の所有権を前提としていた権利は、これらの物の上にも及び、また、この者が合成物、混和物、加工物の共有者となった場合には、その持ち分の上に消滅前の所有権を前提としていた権利は及ぶ（247条2項）。添付によって損失を受けた者は、不当利得に関する規定に従って償金の請求ができる（248条）。但し、添付により誰に所有権が帰属するのかという規定及び、償金の請求に関する規定は任意規定である。

〈大澤正俊〉

□**附合**（ふごう）　不動産の所有者は、その不動産の従としてこれに附合した物の所有権を取得する（242条本文）。これを不動産の附合という。たとえば、X所有の土地にYが植樹をした場合。但し、権原によってその物を付属した者の権利は妨げない（242条但書）。たとえば、Xの土地をYが賃借しており、賃借権に基づいて植樹をした場合、その樹木は土地に附合せず、Yに所有権がある。異なる所有者に属する複数の動産が結合し、分離不能と

なった場合，あるいは分離するのに過分の費用がかかる場合には，その合成物の所有権は主たる動産の所有者となる（243条）。これを動産の附合という。たとえば，X所有の指輪のプラチナリング（時価2万円）にY所有のダイヤモンド（時価100万円）が結合した場合。但し，附合した動産の主従の区別ができない場合は，附合した各動産の所有者は，附合当時の価格の割合に応じて合成物を共有する（244条）。

〈大澤正俊〉

□ **混和（こんわ）** 異なった所有者に属する固形物の混合（たとえば，X所有の米とY所有の米が倉庫内で混ざり合ってしまった場合），および，流動物の融和（たとえば，X所有のガソリンとY所有のガソリンが同じ貯蔵タンク内に保管されてしまった場合）により持主の区別ができなくなった混和物については，動産の附合（243条・244条）を準用する（245条）。

〈大澤正俊〉

□ **加工（かこう）** 他人の所有物である動産（原材料など）に工作を加えて新たな物（加工物）を作り出した場合，この加工物の所有権は原材料の所有者に属する（246条1項本文）。たとえば，X所有の毛糸でYがセーターを編んだ場合。但し，工作によって生まれた価格が原材料の価格を著しく超えるときは加工者が加工物の所有権を取得する（246条1項但書）。たとえば，上記の例のYが有名デザイナーで加工物のセーターが3万円の商品となった場合。また，加工者が材料の一部を提供した場合には，提供した材料価格と工作によって生まれた価格の合計が，他人の材料価格の合計を超えるときは，加工者が加工物の所有権を取得する（246条2項）。たとえば，Xが粗大ゴミ置き場に放置されている自転車（時価2,000円）を廃棄物だと思い自宅に持ち帰り，修理用部品（3,000円）を用いて自分で修理をした。その結果，その自転車が10,000円の価値になった場合，工作（修理）によって5,000円の価値を生み出したことになる。その後，その自転車の真の所有者Yが，その自転車の返還を請求した場合には，元の自転車の価値（2,000円）よりも，Xの部品代（3,000円）と修理によって生まれた価値（5,000円）の合計（8,000円）の方が大きいので，XはYの返還請求に応ずる必要がないことになる。但し，その場合であっても，XはYに自転車の元の価値（2,000円）については償金として支払う必要がある（248条）。

〈大澤正俊〉

□ **集合物（しゅうごうぶつ）** 個々の物が集合し取引上一体的に取り扱われるもの。例えば，工場や各種の機械等の様々な財産が有機的に結合して企業を形成しているような場合に，これらを一体のものとして取り扱うことへの要請がある。これらを個々の構成物の総和として評価するよりも，一体としてとらえた方がより大きな価値を有す

ると考えられるからである。そこで特別法は、これら全体の上に一個の担保権を設定することを認めることとしている（工場抵当法、企業担保法）。また判例においても、構成部分の変動する集合動産について、その種類、所在場所および量的範囲を指定するなど何らかの方法で目的物の範囲が特定される場合には、一個の集合物として譲渡担保の目的となりうるとしている（最判昭和54年2月15日）。この判例の立場は、流動的に搬入搬出が繰り返される倉庫内の同種商品について、例えば「倉庫内のビール全部」という具合に一体的にとらえることを可能にすることで、取引上の要請に応えようとするものである。　　　　　　〈辻田芳幸〉

□**共有**（きょうゆう）　合有、総有とともに共同所有（広義の「共有」）の一形態であって、一個の所有権を各共有者が分有する状態を指す。共同所有者間には総有に見られるような団体的な繋がりがなく、共同の目的など何らの団体的統制がない。個人主義的性質が強い共同所有形態である。共有においては、各共同所有者はそれぞれ持分を有し、その持分を自由に譲渡することができる。また、原則としていつでも共有物の分割を請求することができる（256条1項）。共有持分の割合は法律の規定または共有者の意思表示によって定まるが、持分不明の場合は、相等しいものと推定される（250条）。各共有者はその持分の割合に応じて共有物の全部について使用することができる（249条）。共有物の補修など保存行為については、共有者全員の利益に資するので、各共有者が単独でなし得る（252条但書）。共有物の賃貸しなどの管理に関する事項については、各共有者の持分の価額に従い、その過半数で決する（252条）。共有物を変更するには共有者全員の同意が必要である（251条）。各共有者は、いつでも共有物の分割請求をすることができるが、共有者間で5年以内は分割をしないとする契約をすることもできる（256条1項但書）。これを第三者に対抗するには登記が必要である。分割は、協議によるのが原則である。協議による分割の方法には特に制限が設けられていないので、現物分割、代金分割、価格賠償のいずれによってもかまわない。協議が調わないときは、裁判所に分割を請求することができる（258条）。裁判所による分割は、現物分割が原則である。現物を分割することができない場合などは、裁判所は競売を命じ、その売買代金を分割する。分割により共有関係は解消される。　〈辻田芳幸〉

□**持分権**（もちぶんけん）　共有の場合に、各共有者が共有物に対して有する所有権の割合を持分といい、これについて有する権利を持分権という。単に持分といわれることもある。持分権は量的には全体に対する一部として、各共有者によって互いに制約されている関係にあるが、質的には完全な所有権

を有しているのと同様であり，ここには所有権の全ての権能（使用，収益，処分）が含まれる。　　　〈辻田芳幸〉

□**合有**（ごうゆう）　共同所有の一形態で，合手的共有とも呼ばれる。共同所有者が共同目的を達成するために目的物を共同所有する形態である。民法上「合有」という文言は存在しないが，組合財産の占有形態がこれに該当するといわれている（判例・通説）。また共同相続財産についても合有と見る学説がある。このほか，信託法24条1項は，複数の受託者がある場合には信託財産はその合有とするものと定めている。これに対し通説は，共同受託者には潜在的にも持分は存在しないものと解している。合有は共有と総有の中間的な性質を有している。すなわち，共有の場合と同様に各共有者は持分権を持つものの，その持分権の処分や分割の請求については，共同目的に拘束されて一定の制限を受ける。共同目的が終了すれば，共同所有者は個々の財産に対する持分権の処分も目的物の分割も自由にすることができる。もっとも，共同目的が存続中であっても，団体員としての地位と共に譲渡するのであれば，持分権を処分することは可能である。　〈辻田芳幸〉

□**総有**（そうゆう）　共同所有の一形態であって，各共有者の権能がその所属する団体構成員としての地位によって強く制約されているもの。もともとはゲルマン村落共同体の山林原野などの土地支配の形態に発するもので，わが国においては入会権がこれに当たるといわれている。一般に総有においては，目的物の使用収益権は個々の団体構成員に属するが，管理処分権はもっぱら団体に属している。団体に属することで共同所有者とされているのであるから，団体構成員個人の持分は認められていない。それゆえ，個人主義的色彩の濃い共同所有形態である共有とは対照的に，分割請求や持分の処分もできない。　　　　　　　　〈辻田芳幸〉

□**準共有**（じゅんきょうゆう）　数人で所有権以外の財産権を有する場合をいう（264条）。法令に別段の定めがある場合を除いて共有の規定が準用される（同条但書）。準共有は，地上権，永小作権，地役権，抵当権などの民法上の物権や，著作権，特許権などの知的財産権のほか，債権についても成立する。もっとも，債権についてはほとんどの場合が多数当事者の債権関係に関する規定によって処理されることになるので，共有に関する規定が準用されることがあるのは，使用借権や賃借権についてだけである。　〈辻田芳幸〉

□**知的財産権**（ちてきざいさんけん）　特許権，実用新案権，育成者権，意匠権，著作権，商標権その他の知的財産に関して法令により定められた権利または法律上保護される利益に係る権利をいう（知的財産基本法2条2項）。ゆえに，特許権や著作権などのように法律に基づく権利のみならず，いわゆるパ

ブリシティ権のように判例によって認められている保護利益も含まれる。営業秘密については，知的財産として認められてはいるものの（同2条1項），知的財産権としての保護は認められていない。権利の保護システムとして物権的権利構成を採用しているので，知的財産権は発明や著作物の利用に係る排他的権利であり，所有権類似の性質を有する準物権的権利として構成されている。権利侵害に対しては損害賠償請求をなし得るほか，差止請求権が明文によって定められている（特許法100条，著作権法112条など）。権利の発生については，法定要件を充たした創作行為をするだけで権利が発生するものから，審査を経て登録されて初めて権利が発生するものまであり，一様ではない。所有権と異なり，知的財産権には存続期間が法定されている。特定人に永久的に権利を帰属させるよりも，一定期間経過後は権利を開放し，第三者が自由に利用できるようにする方が，産業の発達や文化の発展等により広く資することにもなり，それぞれの法目的に合致するからである。もっとも，商標権については，他人との識別標章である特定商標の使用を特定人に長期間独占させたとしても問題は生じないので，更新登録によって保護期間を半永久的に延長することが可能である。　　　　　　　　　〈辻田芳幸〉

□**用益物権**（ようえきぶっけん）　土地の利用を内容とする他物権。民法は，地上権（265条），永小作権（270条），地役権（280条），共有の性質を有しない入会権（294条）を定める。その他，特別法で，漁業権，鉱業権，ダム使用権は，物権とみなされる（漁業法23条1項，鉱業法12条，特定多目的ダム法20条）。債権的利用権（使用貸借上の権利，賃借権）の場合，債権としての特性から，権利の譲渡性や存続期間に制限があるが（594条2項，604条1項，612条1項），用益物権の場合，所有権に準ずる権利として（ただし所有権と異なり167条2項により時効消滅する），かかる制限は（278条，281条2項を例外として）存しない。土地所有者による他者への用益物権設定は，土地所有者が所有権に存する諸権能のうち使用収益権能をその者に付与するものというべく，そのために設定者の土地所有権は，同権能を制限される。入会権を除き，原則として登記を対抗要件とする。　　　　　　　　　〈江渕武彦〉

□**地上権**（ちじょうけん）　他人の土地に工作物または竹木を所有する用益物権（265条）。工作物の中に建物が含まれるが，建物所有を目的とする地上権は，土地賃借権とともに，借地権と呼ばれ，存続期間や効力等については借地借家法の適用を受ける。地上権の代価を地代といい（ただし無償の場合もありうる），定期払いの場合には，永小作料や賃料に関する規定が準用される（266条）。定期払いの他，地上権設定時支払や消滅時支払という方法も見

られる（後者は植林目的の地上権に多い）。土地所有権における相隣関係は，原則として，地上権者間や地上権者と土地所有権者との間において準用される（267条）。存続期間を定めない場合には地上権者は何時でも権利放棄（1年前の予告が必要な場合がある）できるが（ただし398条の制限がある），放棄がされない場合，当事者の請求により裁判所が20年から50年の範囲で地上の工作物等の状況を斟酌して定める（268条2項）。　　　　〈江渕武彦〉

□**区分地上権**（くぶんちじょうけん）　地下権や空中権ともいわれる，地上権に類する用益物権（269条ノ2）。工作物所有を目的する点で通常の地上権と同様であるが，地上（または地下）xメートルからyメートルの間というように，上下の範囲が定められる。設定行為により，区分地上権者以外の者の土地使用に制限を加えることもできる。土地が公道など公共用物の場合，一般には空中や地下の利用関係は公物使用関係あるいは報償契約等によるが，私有地におけるこれらの利用は，区分地上権や地役権などの私法関係にもとづく。地下埋設の浄化槽が地下権にもとづくとされた裁判例があるほか，トンネルによる地下道路設置の際には，地下権の設定が行われている。理論上は，送電線架設の際に空中権設定を考えうる。しかし，実務上，区分地上権の範囲は水平面で画するのが相当とされているため，高低差の著しい高圧送電線路の利用になじまないとされ，地役権の方が用いられている。　〈江渕武彦〉

□**永小作権**（えいこさくけん）　他人の土地に耕作または牧畜をなす用益物権（270条）。存続期間は20年以上50年以下に制限されているが（278条1項），20年未満の小作権として賃借権設定も可能（604条）。対抗要件は永小作権の場合には登記を原則する一方，賃借小作権の場合には引渡で足りる（農地法18条）。農地等への設定につき，いずれも農地法3条の許可を要する。永小作権においては，地上権と異なり譲渡性が明記されている（272条本文）。ただし，譲渡禁止特約も可能で（同条但書＝賃借小作権の場合には612条1項により賃貸人の承諾が必要），さらに，永小作権者による小作料減免請求が許されない一方で（274条＝609条本文賃借小作権や地上権の場合にはこれが可能，266条2項），地主による小作料不払等に対する永小作権消滅請求権（276条）が定められ，土地所有権優位の色彩は否定できない。ただ，かかる規定に異なる慣習の効力も明記されている（277条）。　　　　〈江渕武彦〉

□**地役権**（ちえきけん）　ある土地の便益のために，他人の土地を利用する権利で用益物権のひとつで，その利用態様は，通行，引水，建築制限など多種多様である（280条）。たとえば，A地の所有者Xが旅館を建築し，眺望確保のためにA地の下方にあるY所有のB地に建築制限をする地役権を設定する

ような場合がこれにあたる。この場合に, Aを要役地, Bを承役地という。地役権は要役地のために存在する権利であるから, 要役地と別個独立して地役権のみを譲渡することはできないが, 要役地が譲渡されれば, 特約のない限り地役権も譲渡される（281条）。地役権は, 原則として要役地の所有者と承役地の所有者との間の設定契約によって成立し, 登記によって第三者に対抗することができる。地役権は期間の満了や放棄などによって消滅するほかに, 承役地の時効取得と地役権の消滅時効によっても消滅する。　　　〈奥田進一〉

□**要役地**（ようえきち）　➡**物権の地役権**を見よ。
　　　　　　　　　　　　　〈奥田進一〉

□**承役地**（しょうえきち）　➡**物権の地役権**を見よ。
　　　　　　　　　　　　　〈奥田進一〉

□**入会権**（いりあいけん）　「共有ノ性質ヲ有スル入会権」（263条）と「共有ノ性質ヲ有セサル入会権」（294条）に分かれる。前者は特殊な共有権（用益物権ではないが便宜上ここで説明）, 後者は特殊な共同用益物権で国公有地上の入会権がその例。いずれも地盤所有権登記の影響がない。各地で一定地域住民が林野, 溜池, 墓地等を共有物として集団的に所有・管理しているが, この集団的共有権（または準共有権）が入会権である。慣習が一次的法源, 共有の節や地役権の章の規定が二次的法源となる。通常の共有と異なり, 入会慣習は, 一部, 民法の個人主義法理の制約を受けずここに特殊性がある。かかる特殊な共有を総有という。これは地域の総住民共有という意味ではなく, 持分権者は慣習で定まる（通説は総有持分の存在を否定するが, その矛盾および持分認識の現実が指摘されている）。財産処分に際しては, 共有物変更に準じて全員の合意が必要（251条）。地域外転出により持分は失効し部外者がその登記上の共有持分を取得しても無効。転出者は持分払戻請求, 財産分割請求ができない。これらが慣習の典型である。入会権は草木等採取の権利であり採取の途絶により消滅するとの誤解が多く, とくに294条の入会権において, 採取途絶を理由に地方公共団体等の地盤所有者が入会権消滅の扱いをなし, 入会権者との間で訴訟となるケースがある。　〈江渕武彦〉

□**慣習上の物権**（かんしゅうじょうのぶっけん）　灌漑用水や温泉用水などの利益は財産的価値を有するが, 財産法に物権としての規定がない。ただ一般社会では, 「水利権」「温泉権」等の呼び名をもって財産権的に認識される。そこで, これらと民法175条, 民法施行法35条の関係が問題となる。判例は, 「上土権」（うわつちけん）事例に見られるように, 土地については慣習上の物権の成立に慎重である。しかし用水について判例は, 「物権」と明言しないまでも, 利水者と配水要求者・妨害者との関係で, 古来認められてきた取水権として認容する。上記規定は近代的土地所有権確立を目的とし, よって裁判所は, 土地に

ついて慣習上の物権の認定には慎重で、これを阻害しない水利用に関しては、比較的容易に認定してきたものと思われる。解釈の上では、水利権等は法例２条にいう「法令ニ規定ナキ事項」とすることとなろう。ただ、これらを慣習上の「物権」と称したからといって、つねに民法における近代的物権法原理が働くとすることは難しい。

〈江渕武彦〉

□**担保物権**（たんぽぶっけん）　債権の回収を確保するために、債務者または第三者の財産から優先的に弁済を受けられる物権をいう。民法は、法律上当然に認められる法定担保物権として留置権、先取特権を定め、また当事者間の意思表示によって成立する約定担保物権として抵当権、質権を規定している（典型担保）。この典型担保に共通する効力として最も重要なものに、競売された財産の代金から他の債権者に優先して債権の弁済を受けられるという優先弁済的効力がある（但し、留置権には認められない）。さらに、典型担保以外にも実務上の要請から、仮登記担保、譲渡担保、所有権留保といった権利移転型の新しい担保物権が判例・学説の積み重ねにより認められてきた（非典型担保）。この被典型担保に共通する効力として、債務の弁済がない場合に、私的実行により目的物の権利を確定的に取得することができる権利取得的効力がある。　〈小西飛鳥〉

□**債権者平等の原則**（さいけんしゃびょうどうのげんそく）　債務者が債務超過に陥った場合に、担保物権を有しない一般債権者は、債権の発生時期、発生原因に関係なく、その債権額に応じて弁済を受けることをいう。例えば、債権者Ａ、Ｂ、Ｃがそれぞれ500万円の債権を債務者に対して有しているが、その債務者の財産総額が1200万円しかなかった場合に、ABCはそれぞれの債権額に案分比例した額、つまり３分の１に当たる400万円の配当を受けることになる。　〈小西飛鳥〉

□**物上保証人**（ぶつじょうほしょうにん）　他人の債務のために、自己の特定の財産を担保物として提供する人のことをいう。債務者が債務を弁済できず、担保権が実行されると、物上保証人はその担保物の所有権を失うことになる。他人の債務を保証するという点では保証人と共通するが、保証人が債務そのものを負うのに対し、物上保証人は債務自体を負うことはない点が異なる。

〈小西飛鳥〉

□**留置権**（りゅうちけん）　他人の物を占有した者が、その物に関して生じた債権を有するときは、その債権の弁済を受けるまでその物を留置することができるという担保物権で、公平の見地から法定担保物権の一つとして定められた（295条）。例えば、Ａが自分の時計が壊れたので、時計屋Ｂに修繕を頼んだとする。このときＢは、Ａが修繕代金を支払うまで、この時計の返還を拒

むことができる。AB間に双務契約が存在する場合には，同時履行の抗弁権（533条）による救済が得られるが，契約を締結したのがAから時計を借りているCの場合，AB間には契約関係がないため，同時履行の抗弁権の主張ができないが，この場合にも留置権は物権であることから援用可能である。留置権の成立には，①他人の物を占有すること，②被担保債権が弁済期にあること，③目的物と被担保債権とに牽連性があること，④占有が不法行為によって始まったものでないことの要件が必要である。留置権には留置的効力が認められるにすぎないが，果実については優先弁済権が認められる（297条1項）。 〈小西飛鳥〉

□**先取特権**（さきどりとっけん） 法律に定める特殊の債権を有する者が，債務者の一定の財産について他の債権者に対して優先弁済を受けることができるという担保物権で，次に示すさまざまな理由から認められた法定担保物権である（303条）。例えば，①社会政策的配慮から認められる先取特権として給料債権，葬式費用の債権がある（308条，309条）。AはB合資会社に雇われていたが，給料が未払いの状態でB会社が倒産状態に陥ったとする。このとき，Bは他の債権者よりも優先して保護されることになる。また，②公平の見地から，共益費用の先取特権（307条）などがあり，③当事者の意思の推測から，不動産賃貸の先取特権（312条）などが認められる。先取特権は，その対象となる債務者の財産によって，一般の先取特権，動産の先取特権，不動産の先取特権に分類される。先取特権が同一の財産について数個成立した場合，および他の担保物権との間の相互間の順位については，債権者を保護する必要性の度合いおよび各担保物権の性質に基づき法律で定められており，例えば特別の先取特権は，一般の先取特権に優先する（329条，330条，331条）。各種の先取特権に共通する効力として，優先弁済的効力がある（303条）。追及効については，登記されている場合を除き，目的物が第三者に引き渡された場合には，主張しえなくなる（333条）。 〈小西飛鳥〉

□**動産先取特権**（どうさんさきどりとっけん） 債務者の特定の動産から優先弁済を受ける権利で，民法上8種の先取特権が認められている（311条）。例えば，AがBに建物を賃貸し，Bはその建物に家具などの備品を置いていたが，その後，Bの賃料不払いが生じた場合，この家具の上に先取特権が成立する（313条2項＝不動産賃貸の先取特権）。この他に，旅館の宿泊（317条），旅客又は荷物の運輸（318条），の先取特権があるが，これらの先取特権は，当事者の意思の推測を根拠としている。動産保存（320条），動産売買（321条），種苗または肥料の供給（322条），農工業の労務（323条，324条）の先取特権は，公平の見地から認められている。

物上代位（304条）の規定は，先取特権の総則で規定されているが，実務上意味があるのは動産の先取特権，特に動産売買の先取特権の場合である。物上代位の行使には，払渡しまたは引渡し前に差押えをする必要がある（304条但書）。　　　　　〈小西飛鳥〉

□**不動産先取特権**（ふどうさんさきどりとっけん）　債務者の特定の不動産から優先弁済を受けるもので，民法上は，不動産保存，工事，売買の先取特権の3種が認められている（325条）。例えば，建物の屋根の葺替えといった保存行為にかかる債権，建物の新築といった工事代金債権については，不動産の価値を維持ないし増加したことが他の債権者の利益にもなっていることから，公平の見地から認められたものである（326条・327条＝不動産保存，不動産工事の先取特権）。不動産売買の先取特権（328条）は，動産売買の先取特権と同様に当事者の意思の推測から認められる。不動産の先取特権については，登記が効力要件となっている（337条，338条，340条）。しかし，現実にはそのような登記が行われることはなく，この要件があるために不動産の先取特権はほとんど使われていない。なお，不動産保存，不動産工事の先取特権は，登記の先後に関係なく，抵当権に優先する（339条）。　〈小西飛鳥〉

□**質権**（しちけん）　債権者が，債権の担保として債務者または第三者（物上保証人）から受け取った物を占有し，その物について他の債権者に先立って自己の債権の弁済を受ける権利である（342条）。たとえば，Aに対する30万円の債務の担保としてBが宝石を引き渡すと，Aはその債権の弁済を受けるまで宝石を留置でき，Bに債務不履行があればそれを競売手続きにより換価し，その換価金から30万円を優先的に回収できる。このように，質権には，債権の弁済を受けるまで物を留置し債務者に心理的圧迫を加えて債務の弁済を強制する留置的効力（347条）と，質権者が質物を競売にかけて換価し，そこから優先弁済を受けることを目的とする優先弁済権（342条）とがある。質権の目的は，譲渡性のある（343条の反対解釈），「物」（342条）と債権などの「財産権」（362条）である。これに対応して，質権は，動産質（352条），不動産質（356条），権利質（362条）に分かれる。質権設定契約は，質権設定の合意に加え目的物の引渡しにより効力を生じる（344条）ことから，要物契約である，と言われる（厳密には質権の効力が引渡しにかかっている）。質権は，法定担保物権である留置権・先取特権と異なり，抵当権と同じ約定担保物権である。しかし，抵当権が非占有担保であり，不動産・地上権・永小作権を目的とする（369条）点で異なる。　　　　　〈原田　剛〉

□**根質**（ねしち）　一定の範囲に属する不特定の債権を担保するために設定された質権をいう。たとえば，電気

製品供給契約のような特定の継続的取引契約から生ずる債権を担保するために質権を設定する場合である。不動産根質においては根抵当の規定が準用される（361条）。その結果，債権者・債務者間の一切の債権を担保するという包括根質は禁じられ，また極度額を定めかつ登記を必要とする（398条ノ2，不登法88条2項）。包括根質は，債権者には極めて便利であるが，これを認めるなら，不動産の担保価値の効率的な利用に反し，また後順位担保権者や一般債権者の利益を害するに至るからである。これに反し，動産根質では極度額の定めも必要ない。被担保債権が一度弁済され後に同様の債権が生じた場合，理論的には，根質設定の合意がなければ順位上昇の原則が妥当するし，またその間に一般債権者が差し押さえれば，これに優先できなくなる。しかし，実際上そのような関係を生じることは稀であるとされている。

〈原田　剛〉

□**流質**（りゅうしち）　債務者が債務不履行をしたとき，自己に質権の目的物の所有権を帰属させることをいう。流質が可能であれば，質権者は容易に優先弁済を受けうる。しかし，民法は，質権設定当時またはそれ以後でも弁済期到来前になした契約で，質権者に弁済として質物の所有権を取得させるとか，法律に定めた方法によらないで質物を処分させるとかの取り決めを無効とする（349条）。流質契約の禁止という。弱い立場にある設定者側を保護するためである。

〈原田　剛〉

□**転質**（てんしち）　質権者が質物をさらに質入れすることをいう。民法は，設定者の承諾を得てなす承諾転質を原則としつつ（350条が準用する298条2項は無断の担保供与を禁止），特則をおき，質権者の責任において「質物を転質と為す」責任転質を認める（348条）。責任転質は，原質権の被担保債権の範囲内であり，かつ原質権の存続期間内（348条前段）であることを必要とする。責任転質では，転質をしなければ生じなかった不可抗力についても賠償責任を負う（348条後段）。

〈原田　剛〉

□**動産質**（どうさんしち）　目的物の「引渡」が効力発生要件である（344条）。345条の趣旨から，この「引渡」には占有改定は含まれない。対抗要件は占有の継続である（352条）。質権者が質物の占有を奪われたときは占有回収の訴え（200条）によってのみ質物の返還を求めうる（353条）。優先弁済の特別な方法として，「鑑定人の評価に従ひ質物を以て直ちに弁済に充つることを裁判所に請求する」簡易な弁済充当が認められている（354条）。動産質権競合の場合の優劣は，質権設定の順序による（355条）。

〈原田　剛〉

□**不動産質**（ふどうさんしち）　目的物の引渡しが効力発生要件である（344条）が，対抗要件は登記である（361条，177条）。動産質と異なり特約など

がない限り（359条）不動産について使用・収益権がある（356条）一方，管理費用は負担し（357条），利息は請求しえない（358条）。存続期間は10年を超ええず，これより長い期間を定めたときは10年に短縮する（360条1項）。この存続期間は更新しうるが，更新の時から10年を超ええない。不動産上の担保物権であるという共通性から，抵当権の規定が準用される（361条）。 〈原田　剛〉

□**権利質**（けんりしち）　譲渡性のある財産権を目的とする（362条，343条）が，金銭債権を目的とする債権質が主要である。目的債権が譲渡に証書の交付を必要とするときは，その交付が効力発生要件である（363条）。目的債権が指名債権の場合の対抗要件は，質権設定者から第三債務者への通知もしくは第三債務者の承諾である（364条，467条）。質権者は，目的債権が金銭債権である場合，被担保債権の額に相応する部分に限り，それを直接取り立て，被担保債権に充当しうる（367条）。 〈原田　剛〉

□**抵当権**　担保権設定者（債務者または第三者）は，担保に供した一定の不動産の占有を担保権者（債権者）に移さずに使用・収益を続けることができるが，弁済期が到来しても債務の弁済がなされないときは，担保権者が自己の債権を優先的に回収することのできる担保物権のこと（普通抵当権　369条1項）。抵当権は，質権と同様，約定担保物権のひとつであるが，担保権者に対する優先弁済的効力を有するだけで，質権のような留置的効力も収益的効力も有しない。また，設定契約の効力発生要件として引渡しを要しないことも質権とは異なる。民法上，抵当権の目的物は，登記・登録の制度を有するもの，すなわち不動産所有権・地上権・永小作権に限られ（369条），動産その他の物についての抵当権の利用は特別法によって規律されている。抵当権の被担保債権となるのは，通常は金銭債権であるが，それ以外の債権も不履行時には金銭債権である損害賠償請求権に転化するので，被担保債権となりうる（不動産登記法120条）。一個の債権の一部を被担保債権とすることもできる（一部抵当）。抵当権の設定は，登記をしなければ第三者に対抗できない（177条）。未登記抵当権に基づいて競売手続を開始することも可能であるが（民事執行法181条1項1号，2号），優先弁済的効力は認められないため，その実益に乏しい。 〈松浦聖子〉

□**抵当権の順位**（ていとうけんのじゅんい）　同一目的物に複数の抵当権が設定された場合，抵当権相互の優劣，すなわち優先弁済を受ける抵当権の順位は，登記の前後によって決定されること。先順位の抵当権は後順位の抵当権に優先し，原則として入れ替わることはないが（順位確定の原則），先順位の抵当権が消滅すれば，後順位の抵当権は

当然に上昇する（順位情報の原則）。しかし、抵当権の順位は、順位変更の登記によって変更することもできる（374条1項、2項）。順位変更の要件は①順位が変更する各抵当権者の合意（同条2項本文）、②順位に変更を生じる抵当権、またはそれによって影響を受ける抵当権を目的とする権利を有する利害関係人がいるときは、その承諾（374条1項但書）、③権利関係を明確にするため、効力発生要件としての登記変更（374条2項）、である。抵当権の順位の変更は、絶対的効力を有するため、合意の当事者や利害関係人はもとより、債務者や抵当権設定権者に対してもその効果は及ぶ。　〈松浦聖子〉

□**物上代位**（ぶつじょうだいい）　担保物権の目的物に代わる物や金銭にも担保物権の効力が及ぶこと。物上代位は、担保権の実効性、すなわち優先弁済権の保全を目的とすることから認められ、先取特権（304条）について規定され、質権（350条）と抵当権（372条）に準用される。物上代位の要件は、代位物が債務者に引き渡される、または払い渡される前に優先権保全のためにこれを差し押さえることである。また、物上代位は留置権には準用されない。
　　　　　　　　　　　〈松浦聖子〉

□**財団抵当**（ざいだんていとう）　企業を構成する財産・権利について財団を結成し、その財団を目的として抵当権を設定する制度。複数の特別法によって規定され、公示制度として登記簿・登録簿が設けられ、財団目録も作成される。その組成物件は法定され、財団の種類は不動産財団と物財団の2種類に分けられる。抵当権の実行において、前者は必ずしも一体として競売する必要はないが、後者は原則として一体で競売に付されるべきとされ、財団の統一性はより保持される。　〈松浦聖子〉

□**動産抵当**（どうさんていとう）　登記または登録により公示可能な動産の上に成立する抵当権のこと。民法は、動産を目的とする約定担保物権を質権に限定するため、営業用動産を担保として利用することは事実上不可能となる。そのため、船舶抵当（商法848条）以外は、各種特別法が動産抵当制度を規律する。①船舶抵当、航空機抵当、および自動車抵当は、登記または登録を物権変動の対抗要件とすることによって抵当権の設定を認める（商686条・687条、航空機抵当法3条、3条の3、道路運送車両法4条、5条）。②建設機械抵当は、建設工事用の機械類に所有権保存登記および打刻をすることによって、抵当権を設定することができる（建設機械抵当法3条〜5条）。③農業用動産は、それ自体に打刻はできず公示力が弱いのことから、登記はあくまで善意の第三者に対する対抗要件であるとし、登記されていても動産は即時取得（192条）の対象となりうる（農業動産信用法12条、13条2項）。
　　　　　　　　　　　〈松浦聖子〉

□代価弁済

抵当不動産の所有権または地上権を買い受けた第三取得者は、抵当権者の請求に応じて代価（買受金）を弁済し、抵当権を自己のために消滅させることができる（377条）。たとえば、抵当不動産の価額が被担保債権額を下回るとき、抵当権者たる銀行は、抵当権の実行によって時価より安い配当を得るよりも、抵当不動産の第三取得者（買主）に時価の代金を請求し、これと引き換えに抵当権を抹消するような場合がこれにあたる。

代価弁済は、抵当権消滅請求（378条）とともに、価値権と用益権の調和を目的とし、抵当不動産の第三取得者を保護する制度であるが、抵当権消滅請求が第三取得者の主導によって行われるのに対し、代価弁済は抵当権者が主導権を握る点で違いがある。代価弁済の要件は①第三取得者が抵当不動産の所有権または地上権を有償で取得したこと、②抵当権者から第三取得者に対し代価弁済の請求がなされ、これに第三取得者が応じて抵当権者に買受代金を弁済したこと、の2点である。代価弁済が行われると、その額が抵当権の被担保債権を完済しえないものであっても、抵当権はその第三取得者のために消滅し、その消滅の効果は相対的である。また、代価弁済によって被担保債権全額の弁済が受けられない場合、残額は一般債権となる。 〈松浦聖子〉

□抵当権消滅請求

抵当権設定後に、抵当不動産について所有権移転登記をした第三取得者は、競売による差押の効力発生前に、抵当権消滅請求をすることができる（378条）。従来の「滌除」制度は、抵当権者にとって負担が大きく（増価競売の申立てと保証提供、落札されなかった場合の買受義務）、抵当権実行前の通知義務は執行妨害に濫用されうる等の問題が指摘されていたため、改正法はこれらの問題点を改めた。この制度は、①抵当権消滅請求権者を所有権の第三取得者に限定し（378条）、②請求の時期を差押えの効力発生前に限り（382条）、③抵当権実行前の第三取得者への通知義務を廃止し、④増加競売義務・買受義務を廃止し、通常の競売申立の熟慮期間を請求から2ヶ月（従来は1ヶ月）に延長し、抵当権者が競売申立てをしない場合は抵当権消滅請求を承諾したものとみなし（384条1号）、⑤競売申立ての取り下げにあたり他の債権者の同意は不要とする。 〈松浦聖子〉

□賃貸建物の明渡猶予

抵当権設定登記後に対抗要件を備えた賃借権は、その期間の長短を問わず、抵当権者（買受人）に対抗できないが、抵当権に劣後する建物賃借権の賃借人であっても、競売手続開始前から使用収益していた者は、建物の買受人の買受時点から6ヶ月を経過するまでは、その建物を買

受人に引き渡さなくてよい（395条1項1号）。強制管理または担保不動産収益執行の管理人が競売手続の開始後に賃貸借により使用収益している者には同様の猶予期間が認められる（同項2号）。旧395条は、抵当権が設定された後の賃貸借であっても、602条が規定する短期賃借権は抵当権者に対抗することができるとし、正常な賃借人を保護する反面、執行妨害や立退き料要求に代表される濫用的短期賃借権の問題を引き起こしていた。これは、民法改正において短期賃貸借制度の廃止につながったが、正常に利用していた賃借人も直ちに明渡しを求められるという不都合を招く。賃貸建物の明渡猶予は、このような不都合を解消するために設けられた制度である。〈松浦聖子〉

□**担保不動産収益執行**（たんぽふどうさんしゅうえきしっこう）　強制執行手続として、抵当不動産を競売する方法以外に、抵当不動産につき管理人を選任し、そこから収益をあげ被担保債権の優先的な弁済に当てる方法（民執180条2号）。平成15年の民法・民事執行法の改正により導入された新しい制度で、被担保債権に不履行があるときは抵当不動産の収益にも抵当権が及ぶ旨の規定が実体法上整備された（371条）。担保不動産収益執行の手続が開始されるには、民事執行法181条1項に定める文書の提出が必要であり、これによって執行裁判所が担保不動産収益執行の開始決定を行い、抵当不動産の差押えが宣言され、債務者は収益の処分を禁止され、賃借人は以後管理人に賃料を支払うよう命じられる（民執93条1項）。管理人は執行裁判所によって選任・監督され（民執94条，99条），善管注意義務を負う（民執100条）。管理人は受け取った賃料から配当を行わなければならない（民執107条1項〜3項，同5項）。〈松浦聖子〉

□**共同抵当**（きょうどうていとう）　同一の被担保債権を担保するために、複数の不動産（例えば建物とその敷地）に設定された抵当権。共同抵当には、抵当目的物の滅失等の危険を分散する機能と、担保価値を増大させる機能がある。共同抵当の場合、抵当権者は共同抵当の目的となっている複数の不動産全部を同時に競売してもよいし（同時配当）、一部の不動産のみを競売してもよい（異時配当）。同時配当の場合には、抵当権者は各不動産からその価額の割合に応じて配当を受ける（392条1項）。異時配当の場合には、抵当権者は被担保債権額に満つるまでその売却代金から配当を受けることができ、その場合に後順位抵当権者は、同時配当の場合に共同抵当権者が受けることになっていた各抵当不動産への割付額の範囲で、他の不動産につき代位することができる（392条2項）。後順位抵当権者は、その代位について付記登記することができる（393条）。

〈渡辺幹典〉

□根抵当（ねていとう）

設定行為の定める所により，一定の範囲に属する不特定の債権を，極度額の限度において担保するために設定する抵当権（398条ノ2第1項）。メーカーと販売店のような継続的取引関係の場合，個別の取引ごとに普通抵当権を設定することは，被担保債権の発生・消滅ごとに抵当権を設定・抹消することとなり，非常に不便であることから，従来取引界で行われ，判例によって認められてきた根抵当権が1971（昭和46）年の民法改正により新設された。根抵当権は普通抵当権に比べて附従性と随伴性が緩和されており，被担保債権が存在しなくても設定可能であり，またある時点で被担保債権が存在しなくなったとしても，元本が確定されない限り存続する。根抵当権は確定事由の発生によって担保される債権が特定され，普通抵当権に近い状態となる。確定事由には，確定期日の到来（398条ノ6第1項），設定者からの確定請求（398条ノ19第1項），根抵当権者からの確定請求（398条ノ19第2項），目的不動産に対する競売・担保不動産収益執行等の執行手続の開始（398条ノ20第1項1〜3号），債務者または設定者の破産（398条ノ20第1項4号）などがある。確定後に，設定者には極度額減額請求権（398条ノ21）が，物上保証人等には根抵当権消滅請求権（398条ノ22）が認められる。　　　　〈渡辺幹典〉

□転抵当（てんていとう）

抵当権者が，自己の抵当権を他の債権の担保とすること（376条）。抵当権の一部の転抵当も認められている。なお，転抵当権の被担保債権額が原抵当権の被担保債権額を超過している場合は，原抵当権の債権額の範囲内で優先弁済権を有する。転抵当をした場合は，登記をするとともに，原抵当権の債務者に通知するか，その債務者が承諾をしなければ転抵当を主張することができない（377条）。　　　　〈奥田進一〉

□法定地上権（ほうていちじょうけん）

抵当権設定時に同一の所有者に属する土地と建物の一方または双方に抵当権が設定された場合に，競売の結果，土地と建物の所有者が別々になったときは，当該建物のために地上権が設定されたものと見なされる（388条本文）。法定地上権成立の要件は，①抵当権設定当時，土地の上に建物が存在すること，②土地と建物が同一の所有者に属すること，③土地と建物の一方または双方に抵当権が設定されていること，④土地と建物の所有者が抵当権の実行により異なりたるに至ること，の4点である。民法では土地と建物が別個の不動産とされており，例えば建物甲とその敷地乙を所有するAが，甲についてBのために抵当権を設定し，その抵当権が実行されてCが競落した場合，そのままではCにはAの所有地乙を使用する権限がないために，AのCに対する建物収去土地明渡請求が認められるこ

とになってしまう。そこで民法は，そのような場合に建物存続のため法律上当然に地上権が発生するものとした。乙に抵当権が設定され，競売された場合も，同様に法定地上権が成立する。法定地上権が成立する場合，地代については，当事者の協議が調わなければ，当事者の請求により裁判所が定める(388条但書)。存続期間については，当事者の協議が調わなければ30年となる(借地借家法3条)。　〈渡辺幹典〉

□**譲渡担保**（じょうとたんぽ）　担保の目的とされるべき権利（主に所有権）を設定者から債権者に移転し，債務が弁済されたらその権利は設定者に復帰し，債務不履行の場合にはその権利が債権者に確定的に帰属するという担保の形態。不動産，動産，有価証券，債権，無体財産権，さらに集合物等，さまざまなものが譲渡担保の対象とされる。譲渡担保は非典型担保のひとつであり，判例法理によって承認されてきたものであるが，その法律構成については多様な見解が存在する。それらは，文字通り債権者に所有権が移転すると解する所有権的構成と，債権者が取得するのは担保権であると解する担保権的構成に大きく分けることができる。判例は，債権者に所有権が移転すると解する所有権的構成を採りつつ，具体的な問題処理については担保としての性格を考慮している。債務者が債務の履行を怠った場合，債権者は目的物の所有権を確定的に取得することで債権の満足を得る（帰属清算型）か，あるいは目的物を売却してその代金から弁済を受ける（処分清算型）ことになる。しかし，債権者が目的物と被担保債権の差額（清算金）の支払い（目的物が債権額を上回らない場合は，その旨の通知）をするか，あるいは債権者が第三者に目的物を譲渡するまで，債務者は債務を弁済して目的物を取戻すことができる（受戻権）。　〈渡辺幹典〉

□**所有権留保**（しょゆうけんりゅうほ）　代金の全部または一部が後払いの形態をとる売買において，目的物が売主から買主に引き渡されるにもかかわらず，代金債権を担保するために，その目的物の所有権は代金全額が完済されるまで売主に留保されるとする制度。買主に代金支払債務の不履行があった場合，売主は売買契約を解除し，所有権に基づいて目的物を取戻すことができるので，所有権留保は代金債権の弁済を確保する担保機能を有する。所有権留保は，代金が全額支払われる前に目的物が買主に引き渡される動産の割賦販売において，特に利用されている。割賦販売法では，割賦販売の方法で販売された指定商品の所有権は，賦払金の全部の支払がなされるまで割賦販売業者に留保されるとする推定規定を置いている（割賦販売法7条）。他方，宅地建物取引業法は，宅地建物取引業者が自ら売主となって不動産の割賦販売を行った場合において，一定の場合に所有権留保を禁止している（宅地建物取

引業法43条)。 〈渡辺幹典〉

□代理受領(だいりじゅりょう)

債権者が，債務者の第三債務者に対して有する債権の弁済受領の委任を受け，受領した弁済を自己の債権の弁済に充当する法的手段。債権譲渡あるいは債権質と比べて，譲渡・質入禁止債権であっても担保とすることが可能である点，および委任する債権の金額や弁済期が不確定の場合であっても有効である点に，その特長がある。代理受領では，①債権者は第三債務者から直接弁済を受領すること，②債務者は第三債務者から直接取り立てないこと，③債務者は債権者との代理受領契約を一方的に解除できないことが合意される。そして債権者と債務者の代理受領委任契約書に第三者の承認を求める形式をとることが多い。その場合，第三債務者が合意に反して債務者に弁済すると，第三者債務者は債権者に対して不法行為責任を負うが，第三債務者は債務者に対するすべての抗弁を債権者に対抗できる。また債権者の受領権限は，差押債権者等の第三者には対抗できない。

〈渡辺幹典〉

□仮登記担保(かりとうきたんぽ)

債権者が，金銭債権を担保するために，債務者または第三者の所有不動産について代物弁済契約の予約あるいは停止条件付代物弁済契約その他の契約を結び，所有権移転請求権保全の仮登記をすることで，債務が弁済されない場合には当該不動産の所有権を債権者に移転する担保方法（仮登記担保法1条）。取引実務の中から生み出された非典型担保のひとつであり，1978（昭和53）年に仮登記担保契約に関する法律（仮登記担保法）が制定された。①金銭債務を担保することを目的とし，②債務不履行時に所有権等を債権者に移転することを内容とする契約で，③目的物が仮登記あるいは仮登録できるものである場合に，仮登記担保法の適用がある。債権者は，弁済期が到来した後に，債務者に対して清算金の見積額を通知し，この通知が到達してから2ヵ月（清算期間）が経過してはじめて所有権移転の効果が生じる（仮登記担保法2条1項）。清算期間が経過すると，所有権を取得した債権者は本登記請求権および引渡請求権を取得し，債務者は清算金支払請求権を取得する（仮登記担保法3条1項）。両者は同時履行の関係にあり（仮登記担保法3条2項），清算期間が経過し，かつ清算金が支払われるまで，債務者は債務を弁済して目的物を取戻すことができる（受戻権）（仮登記担保法11条）。

〈渡辺幹典〉

□債権

民法財産法は財貨の交換を媒介する法制度である。民法はこれをさらに物権と債権という二つの法領域に分け，人の物に対する支配関係を物権，人と人との間で行われる交換過程を債権として規定する。債権という観念が成立するためには将来の履行が確保された，信用を基礎とする社会でなければならない。債権の典型は契約から生じる債権で，売買における買主の目的物引渡請求権や売主の代金支払請求権などである。債務は債権を義務という点からみたものである。債務者は債務内容を履行すべき給付義務のほか，付随的な義務も負う。

債権は，特定の人が他の特定の人に対して一定の行為を請求することのできる権利と定義される。債権の特質を物権との対比からいえば，①排他性の排除（当事者間に成立している複数の債権は平等に扱われる），②債権の相対性（債権者は債務者以外の第三者には履行の請求ができない），など。債権法では当事者の自由な意思を尊重すべきであるから，その規定は任意法規であると解されている。 〈田口　勉〉

□請求権・抗弁権・形成権

これらは，権利の内容である利益をどのように実現するか，という機能の観点からの区別である。①請求権とは，特定の人が他の特定の人に対して一定の行為をなすべきことを請求することのできる権利である。請求権の主要なものは債権であるが，債権以外にも，物権的請求権や占有訴権（198～200条），親族の扶養請求権などがある。②抗弁権とは，請求権の行使に対して，その履行を拒絶しうる権利である。ただし請求権そのものを消滅させるものではなく，これを一時的または恒久的に阻止しうるにすぎない。催告の抗弁権（452条）や検索の抗弁権（453条），同時履行の抗弁権（533条）などがある。③形成権とは，権利者の一方的な行為によって相手方の意思や行為に関係なく，法律上の効果を生ぜしめることのできる権利である。その法効果として権利義務が発生・変更・消滅する。取消権（120条，121条）・追認権（122条）・解除権（541条）・相殺権（505条）・認知権（779条）など。

〈田口　勉〉

□特定物・不特定物

特定物とは，土地や建物など，当事者が物の個性に着目して取引した物をいい，代替性が認められない。特定物の引渡を目的とした債権を特定（物）債権といい，債権者はその引渡をするまで善管注意義務を負い（400条），現状のままで引渡をすればよい（483条）。これに対して，不特定物とは，ビールやお米など，代替性が認められる物をいい，種類物と同義である。物の個性が強い特定物と個性の全くない金銭との中間に位置する。

〈田口　勉〉

□種類債権

種類債権とは，ビールやお米など一定の種類と数量によって給付すべき物が決まる債権をいう。給付すべき物の品質が当事者の意思から明白でないときは中等の品質の物を給付すれば足りる（401条1項）。給付すべき物が具体的に決まることを特定または集中という。特定の時期は，債務者が給付をするのに必要な行為を完了したときである。例えば持参債務では債権者の住所において現実に提供したときに特定する。特定後は特定した物だけを給付すればよい（401条2項）。　　　〈田口　勉〉

□制限種類債権

種類債権のうち，目的物の範囲をさらに制限するものをいう。例えば，1ダースのビールを引渡すべき種類債権につき，その範囲を「債務者のA倉庫内に存在するビール」に制限する場合である。債務者はA倉庫内のビールから引渡をすれば足りる。その結果，A倉庫が全焼して履行ができなくなったときは，債務者は履行することができない。通常の種類債権ではA倉庫が全焼しても，特定が生じない限り，債務者は他からビールを調達して履行をしなければならない。　　　〈田口　勉〉

□選択債権

数個の給付のうちから1個を選択し，それを給付することを目的とする債権である。例えば土地の一部を売却する契約である。選択権者は特約によるが，定めがないときは債務者である（406条）。選択権者が選択権を行使しなときは，選択権は相手方に移転する（408条）。給付の目的が不能であるときは残りの物に特定するが，選択権を有しない当事者の過失による後発的不能のときは特定しない（410条）。選択権が行使されると，債権発生の時に遡って特定していたことになる（411条）。　　　〈田口　勉〉

□重利

弁済期限の到来した利息を元本に組み入れて元本の一部とし，これにさらに利息を付けることを重利という。当事者が重利の特約をする場合を約定重利という。予めなされた重利の予約は暴利の可能性があり，判例は本来の元本額を基準にして利息制限法に反しない範囲で有効とする。特約がなくても，利息の支払いが1年以上滞り，債権者が債務者に催告をしてもその支払いを怠ったときは，債権者はその利息を元本に組み入れることが認められる（405条）。これを法定重利という。　　　〈田口　勉〉

□利息制限法

不当に高い利率の利息は暴利行為として民法90条に違反するが，本法は元本額に応じて利息の利率の上限を定め，その基準をより明確化した。本法は金銭を目的とする消費貸借上の利息の契約にのみ適用される。利率の上限は，元本10万円未満の場合は年2割，元本10万円以上100万円未満の場合は年1割8分，元本100万円以上の場合は年1割5分である。これを超える約定利息は超過部分につき無効である（同法1

条1項)。例えば10万円を年3割の利率の利息付きで一年間貸した場合、有効な利息は2万円までで、これを超える1万円は無効となる。また前もって利息を天引された場合、債務者が受領した額を元本として計算する(同法2条)。例えば右の例で、3万円を天引された場合、受領額1万円を基礎とすると有効な利息は1万4千円で、これを超える1万6千円は無効となる。

　無効な利息は支払う必要がないが、それにもかかわらず、債務者がこれを任意に支払ったときはその返還を請求することができない(同法1条2項)。これに関して判例は、①利息制限法の定める利率を超えて支払っても、元本が残存しているときは超過支払利息を元本に充当することを認め、②さらに元本債権が残存していないときは、過払い利息の返還請求を認めた。こうして判例は、利息制限法1条2項を空文化し、債務者保護を貫徹した。

〈田口　勉〉

□**強制履行・強制執行**　債務者が債務を任意に履行しない場合に、債権者が国家機関の強制力により債権内容を強制的に実現するための手段のこと(414条)。現実的履行強制ともいい、広義の債務不履行があった場合に債権の効力として認めらる手段の一つである。債務者の人格の尊重の要請にしたがって、直接強制、代替執行、間接強制の三種の態様に分かれる。間接強制については、債務者の人格への侵害が大きいとされたことから、補充的性質を付与されていたが、平成15年改正により、改められた。強制履行の要件は、①債務の履行が可能であるにもかかわらず履行がなされていないこと(履行遅滞)、②債務が強制履行に適すること、である。債務不履行が債務者の帰責事由に基づくことを要しない点で、損害賠償と要件を異にする。

〈牛尾洋也〉

□**債務名義**（さいむめいぎ）　一定の私法上の請求権の存在と範囲を証明し、強制執行によりこれを実現する執行力を法律上付与された公の文書のこと。権利確定のための機関から執行機関を分離し、その執行の迅速処理の要請から、私法上の権利の存否が確定される以前の様々なレベルで、国家が請求権の存在を一応認める形式(債務名義)が整うことを要件として、執行請求権の発生が是認される。債務名義として、確定判決の他、これと同一の効力を有するもの(公正証書や和解調書など)、仮執行宣言付判決、執行証書などが認められている(民執22条)。

〈牛尾洋也〉

□**直接強制**（ちょくせつきょうせい）　強制履行の態様の一つで、執行機関が直接債務内容を実現する方法のこと(414条1項)。要件は、①債務者が任意に債務の履行をしないこと、②「与える債務」であること、である。債務の性質上直接強制の許されない「なす債務」については認められない。例と

して，主に金銭債権と有体物の引渡請求権（物権的請求権に基づく場合を含む）について行われるが，判例・多数説は，幼児の引渡債務については間接強制の方法によるべきとする。

〈牛尾洋也〉

□**代替執行**（だいたいしっこう） 強制履行の態様の一つで，債権者が裁判所の判決に基づき第三者に履行を代替させ，その費用を債務者から強制的に徴収する方法のこと（414条2項，3項，民執171条）。要件は，①債務者が任意に債務の履行をしないこと，②債務の性質上直接強制の許されない「なす債務」であり，かつその債務の内容につき第三者が代わりに行っても目的を果たすことのできる「代替的作為債務」あるいは「不作為債務」であること，である。例として，建物収去義務の不履行や建物建築禁止義務の不履行に対する違法建築物の除却などである。

〈牛尾洋也〉

□**間接強制**（かんせつきょうせい） 強制履行の態様の一つで，債務者に対して，一定の期間内に履行をしなければ一定の不利益（賠償）を課すものとし，その心理的圧迫により，債務者自身に作為，不作為の履行を強制する方法のこと（民訴734条，民執172条，同173条）。要件は，①債務者が任意に債務の履行をしないこと，②金銭債務以外の「与える債務」，あるいは，債務の性質上直接強制の許されない「なす債務」であり，かつ本人が履行しなければ債務の本旨に沿わない「非代替的作為債務」または「不作為債務」の場合である。前者の例としては，不動産の引渡しなど，後者の例として，送電債務や証券への署名義務，夜10時以降にピアノを演奏しない不作為義務などである。しかし，債務者の自由意思に反して強制が是認できない場合や，履行が第三者の協力を必要とする債務の場合には間接強制は許されず，もはや損害賠償などによることになる。

〈牛尾洋也〉

□**受領遅滞**（じゅりょうちたい） 債権者の受領ないし協力がなければ履行が完了しない債務の場合において，債務者が債務の本旨に従った履行の提供をおこなったにもかかわらず，債権者が債務の履行を拒んだり（受領拒絶），債務の履行を受領できないこと（受領不能）により履行が完了せず，履行遅延の状態となっていること（413条）。債権者遅滞ともいう。買主（債権者）が目的物の受け取りを拒絶する場合などが受領拒絶であり，工場が焼失し労働者（債務者）が働けなくなった場合などが受領不能である。債権者に「受領義務」を認めるべきか否かをめぐり債務不履行説と法定責任説とが対立し，前者は債権者の受領義務違反という債務不履行としてとらえる。要件は，①債務の履行につき債権者の協力を必要とすること，②債務の本旨に従った履行の提供があったこと，③債権者の受領拒絶または受領不能があったこと，

債務不履行説では，さらに④債権者の帰責事由，の４点が挙げられる。効果として，債権者は，債務者の履行提供の時から遅滞責任を負う。その具体的内容として，法定責任説では，弁済提供の効果（492条〜494条）として債務者の履行遅滞責任の免除，債権者の同時履行の抗弁権の喪失，債務者の目的物保管義務の軽減，増加した弁済費用の償還請求，危険負担の債権者への移転（536条2項），遅滞から生じる不利益の免除などが挙げられる。債務不履行説の場合，さらに債務者に損害賠償請求権や解除権を認める。〈牛尾洋也〉

□ **債務不履行**（さいむふりこう）　広義では，客観的に見て債務の本旨に従った履行がない状態をいい，狭義では，さらにそれが違法でかつ債務者の帰責事由に基づく場合をいう。広義の場合，履行がなお可能であれば，債権の効力として履行請求および強制履行（414条）ができる。また，法定の責任として危険負担（534条以下），契約の法定解除（541条以下），担保責任（561条以下）も問題となる。狭義の場合，さらに損害賠償責任が発生する（415条）。狭義の債務不履行につき，その態様は，一般的に，履行遅滞（412条），履行不能（415条後段），不完全履行（解釈上415条前段）の三類型に分類される。これらに共通する要件は，①履行期に債務の本旨に従った履行がなかったこと，②不履行につき債務者に帰責事由が存すること，さらに損害賠償責任の成立の点で不法行為責任と共通して，③債務者の責任能力（712条，713条），④不履行が違法であること，⑤不履行により損害が発生したこと，⑥不履行と損害との因果関係，が必要とされる。帰責事由とは，債務者の故意・過失のほか，信義則上これと同視すべき事由として履行補助者の過失をも含む概念である。〈牛尾洋也〉

□ **履行遅滞**（りこうちたい）　履行期において債務の履行が可能であるにもかかわらず，債務者の帰責事由により違法に履行がなされていないこと（412条）。要件は，①履行期に履行が可能であること，②履行期に履行しないこと，③それが違法であること，④債務者の帰責事由に基づくこと，である。確定期限付債務の場合には期限が到来したときから，不確定期限付債務の場合には債務者が期限の到来を知ったときから，期限の定めのない債務の場合には履行請求を受けたときから，それぞれ遅滞となる。効果は，遅延損害の賠償請求，契約解除に起因する損害賠償（塡補賠償）請求（541条，545条3項），である。例として，前者は，マンションの引渡が遅れ仮住まい期間が伸びた場合の仮住まい家賃相当額，後者は，目的物の引渡の遅延により転売できなかった損害などがある。

〈牛尾洋也〉

□ **履行不能**（りこうふのう）　債務者の帰責事由により，履行期に債務の履行が確定的に不可能であり，それが違

法であること（415条後段）。債務の成立時点で既に履行が不可能である原始的不能と区別される後発的不能の中にあって、債務者の帰責事由のない後発的不能では双務契約において危険負担（534条以下）が問題となるのに対して、履行不能と呼ばれるのは、債務者の帰責事由のある後発的不能である。要件は、①履行期に債務の履行が不能であること、②債務者の帰責事由に基づくこと、である。目的物の滅失・毀損など物理的不能のみならず、二重売買において競争相手が対抗力（登記等）を備えた法律的不能など、取引通念に基づく法的判断による。効果として、填補損害の賠償請求、契約上の債務につき解除された場合の解除に起因する損害賠償請求（543条, 545条3項）のほか、代償請求が問題となる。 〈牛尾洋也〉

□**不完全履行**（ふかんぜんりこう） 債務の履行として給付がなされたが、それが何らかの意味で債務の本旨に反し不完全であったこと（解釈上、415条前段）。要件は、①不完全な履行があったこと、②債務者の帰責事由があったこと、である。その態様として、伝統的には、(1)病気の鶏が給付されるなど、目的物自体に瑕疵がある場合、(2)水準以下の治療により患者に損害が発生したなど、履行方法が不完全な場合、(3)運送業者が目的物の運び込みの際に買主の家の床を傷つけたなど、履行に際して必要な注意を欠いた場合に大別されるが、これらは、給付義務、付随義務、保護義務等の違反の観点から異なった要件整理も可能であり、積極的債権侵害として不法行為とも接点をもつ。 〈牛尾洋也〉

□**賠償額の予定**（ばいしょうがくのよてい） 当事者は合意により予め債務不履行の際の損害賠償額を定めておくことができ（420条）、それは金銭でなくてもよく（421条）、違約金も賠償額の予定と推定される（420条3項）。損害賠償額の主張・立証の困難を事前に回避する手段である。したがって、この約定があれば、効果として、債権者は債務不履行の事実を証明するだけで予定された賠償額を請求でき、裁判所もこれを減額することができないが、利息制限法など法律により額の制限が定められている。この特約は債務不履行による賠償額に関するものであるため、履行請求や解除を妨げない（420条2項）。 〈牛尾洋也〉

□**債権者代位権**（さいけんしゃだいいけん） 債権者が自分の債権の実現を確保するため、債務者が第三者に対してもっている権利を行使しようとしない場合に、その債務者に代わって行使する権利（423条）。たとえば、AはBに金銭を貸していて、いわゆる貸金債権をもっている、反面、BはCに対する売掛金（掛売り代金）債権以外に財産をもっておらず、BがCに対して売掛金の取立をしないとAは自分の債権の満足を得られないという場合に、AがBに代わってCからBの売掛金を取り

立てる，つまり，売掛金債権を行使するような場合である。

当初，判例は債権者代位権成立の要件として債務者の資力が不足していることが要件とされていたが，その後この要件は緩和される傾向にある（大判明43・7・6民録16・537）。また，不動産がA→B→Cと移転したが登記がまだAに残っている場合，CはBのAに対する登記請求権をBに代わって代位行使でき（大判大5・2・2民録22・74）とか，AがBから建物を賃借しているが，その建物をCが不法占拠している場合，AはBの所有物妨害排除請求権を代位行使できる（最判昭29・9・24民集8・9・1658），などである。

なお，夫婦間の契約取消権（754条）のような一身専属権の代位行使はできない（423条1項但書）。そして，保存行為および裁判所の許可を受けてするとき以外は債権者の債権の履行期が到来していることが必要である（423条2項）。　　　　　　　〈三好　登〉

□**債権者取消権**　債権者が自分の債権の実現を確保するため，債務者のなした財産減少行為（詐害行為）を取り消す権利（424条）。詐害行為取消権ともいう。たとえば，BがAから借金しているにもかかわらず，Cに財産を贈与したりして，Aに対する債務を弁済することができなくなったようなときには，AはBC間の贈与契約を取り消すことができる。しかし，債権者は直接自分に関わりのない債務者の行為（間接的には自分の債権の確保につながるが）に介入し，その法律行為を取り消すことになるからその要件は厳格でなければならない。したがって，債権者取消権の成立要件は次のごとくである。①財産上の法律行為であること。離婚に伴う財産分与は原則として詐害行為にあたらない。②その行為によって債務者の一般財産が減少して債務を弁済することができなくなること。たとえば，財産の贈与，不当に安い売却，債権の放棄（債務免除）などによって財産が減少すること。③債務者・相手方・転得者がその行為によって債権者を詐害することを知っていること。

なお，この債権者取消権は必ず裁判所に訴えを提起する必要があり，この点が同じ債権の対外的効力のひとつとされている債権者代位権と異なるところである。　　　　　　　〈三好　登〉

□**分割債権・分割債務**　分割して実現することのできる給付（可分給付）を目的として，数人の債権者に分割される債権を分割債権といい，数人の債務者に分割して負担される債務を分割債務という。一個の可分給付につき複数の債権者または債務者が関与する場合，特別の意思表示がない限り，平等の割合で分割される分割債権または分割債務と扱われる（427条）。各々の債権や債務は全く独立しているので，複数の債権者または債務者の一人に生じた事由

は他の者に影響しない。　〈大木　満〉

□不可分債権・不可分債務

分割して実現することのできない給付（不可分給付）を目的とした債権を複数の債権者が有する場合を不可分債権といい，不可分給付を目的とした債務を複数の債務者が負担する場合を不可分債務という。給付が不可分か否かは，性質上または当事者の意思表示によって決まる。たとえば，XとYが共同して1台の車をZから購入する場合のXとYの自動車引渡請求権は不可分債権であり，逆に，XとYが共同でZから家を借りた場合のXとYの家賃支払い債務は不可分債務である。不可分債権の債権者は，全員で債権を行使する必要はなく，単独で履行の全部を請求でき，債務者の方も一人の債権者にのみ全部の履行をしてもよい（428条）。このような請求と履行以外の事由は，原則として，一人の債権者に生じても他の債権者に効力が及ばない（429条＝相対的効力）。また不可分債務には，不可分債権の429条や連帯債務の規定（一部の規定を除く）が準用される（430条）。　〈大木　満〉

□連帯債務

複数の債務者が同一内容の給付を目的とする債務を各自独立して負い，その中の一人がこれを履行すれば他の債務者の債務も消滅する関係にある債務をいう。分割債権関係の原則（427条）の例外。連帯債務は，契約や遺言などの意思表示によるほか，法律の規定（44条，719条，761条，商法80条，商法266条ノ3など）によっても成立する（なお，44条2項，719条は不真正連帯債務と解される）。たとえば，共同事業を営むためにXとYがZから500万円を借りる場合に，XとYが連帯してZに弁済する旨の合意をする場合がこの例。連帯債務では，債権者は，債務者の一人に対してまたは同時もしくは順次に債務の全額または一部を請求できる（432条）。例では，Zは，XYにそれぞれ全額の500万円を請求することも，Xに対してだけ500万円またはその一部の300万円を請求することなども自由。また連帯債務では，各連帯債務者の債務はそれぞれ独立した別個の債務であり，これが主観的共同関係に基づき関連づけられているのが特色である。それゆえ，相対的効力の原則（440条）の例外として，絶対的効力事由（434条〜439条＝請求・相殺・免除など）や弁済などにより債務を消滅させた債務者の他の債務者に対する求償権（442条）なども認められている。　〈大木　満〉

□不真正連帯債務

複数の債務者が同一内容の給付を目的とする債務を各自別個の原因によって負い，各債務者は各々全部の履行をしなければならないが，その中の一人がこれを履行すれば他の債務者の債務も消滅する関係にある債務のこと。各債務者間には主観的共同関係がないので，連帯債務の規定をそのま

ま適用するわけにはいかず，通常の連帯債務と区別される（判例・通説）。それゆえ，不真正連帯債務では，弁済やこれに準ずる行為を除いて，原則として連帯債務の絶対的効力に関する規定は適用されない（相対的効力）と解されている。たとえば，A社とB社が各々工場を操業するために煤煙を排出して近隣住民Cらに公害病を発症させた場合の共同不法行為（719条）を理由とするA社とB社のCらに対するそれぞれの損害賠償債務の関係は不真正連帯債務と解される（そのほか被用者の損害賠償債務〔709条〕と使用者の損害賠償債務〔715条〕の関係や44条2項による損害賠償債務などが例）。

〈大木 満〉

□**保証債務**（ほしょうさいむ）　主たる債務者がその債務を履行しないときに保証人が代わって履行しなければならない債務のこと（446条）。たとえば，ZがXに金銭を貸す場合に，万が一に備えてZがX（主たる債務者）の保証人にYをとる場合がその例。この場合，保証債務は，あくまでも債権者Zと保証人Yとの保証契約によって発生し，法律上はXZ間の消費貸借に基づく主債務者Xの債務とは別個の債務である。しかし，保証債務は，主債務者の債務を担保する目的のものなので，付従性（主たる債務が消滅すれば保証債務も消滅するなど，主たる債務と運命を共にすること：成立・存続の付従性や内容の付従性448条），随伴性（主たる債務者に対する債権が第三者に譲渡されれば保証債務も移転し保証人は当該第三者に対して保証債務を負うこと），補充性（主たる債務者が弁済しないときにだけ二次的に責任を負うこと）という性質を有する。補充性から保証人は催告の抗弁権（452条）や検索の抗弁権（453条）を有し，付従性から主たる債務者に生じた事由は保証人にも効力を生じる（457条1項）。しかし，保証人に生じた事由は，弁済などの債務を消滅させるものを除いて，原則として主たる債務者には効力が及ばない。主たる債務者に頼まれて保証人となった場合（委託を受けた保証人）とそうでない場合とで求償の範囲に差を設けている（459条〜465条）。なお，保証契約は書面でなされなければ効力を生ぜず（446条2項），その内容を記録した電磁的記録によっても可能である（446条3項）。

〈大木 満〉

□**連帯保証**（れんたいほしょう）　保証人が主たる債務者と連帯して保証債務を負担する保証のこと。連帯保証も保証債務の一種なので付従性（主たる債務の成立や存続などと運命を共にすること）を有するが，保証人は主たる債務者と連帯しているので補充性（主たる債務者が弁済しないときにだけ負う二次的な責任）がなく，催告の抗弁権（452条）や検索の抗弁権（453条）を有しない（454条）。たとえば，XがZ銀行からマイホーム建築のために3000万円の融資を受ける際に父親Yが連帯

保証人になった場合，Z銀行は，Xの資力の有無に関係なく，はじめからYに債務の全額を請求することができる。また，連帯保証人が複数いても，各保証人はそれぞれ全額弁済する義務を負い，分別の利益（456条）を有しない。連帯保証は，一般に債権者と保証人間の連帯の特約によって成立する。主たる債務者に生じた事由は付従性から連帯保証人に効力が及ぶが，それに対し連帯保証人に生じた事由は主たる債務者に及ぶものもある（458条＝請求・混同など）。　　　　　　　〈大木　満〉

□催告の抗弁権・検索の抗弁権

債権者が主たる債務者に請求せずに保証人に履行を直接請求してきた場合には，保証人は，まず主たる債務者に請求せよと主張してその請求を拒絶することができる（催告の抗弁権：452条）。また，債権者が主たる債務者に履行を請求した後でも，保証人は，債権者からの請求に対して，主たる債務者に弁済の資力があり，かつその執行が容易なことを証明すれば，まず主たる債務者の財産に強制執行すべき旨を主張できる（検索の抗弁権：453条）。両抗弁権は，保証債務の補充性から生じ，連帯保証人にはこれらの抗弁権はない（454条）。たとえば，XがZから100万円を借りる際にYが保証人になり，ZがYに100万円を返せと請求してきた場合には，Yは先にXに請求してくれと主張でき，また，ZがXへの請求後，Yの財産に強制執行してきた場合にも，Xに100万円の銀行預金などがあることを証明できれば，まずXの財産に強制執行してくれと主張して拒絶できる。　　　　　　　〈大木　満〉

□保証連帯

複数の通常の保証人が保証人相互間で各自が全額を弁済する旨の特約（連帯の合意）をしたもの（465条1項参照）。したがって，保証連帯では，各保証人は平等に分割した額についてのみ保証債務を負担するという分別の利益（456条）は有しないが，保証債務の補充性は失われていないので，催告の抗弁権（452条）や検索の抗弁権（453条）は認められている。保証連帯では，保証人相互間に連帯債務ないしこれに準ずる関係が生ずる。　　　　　〈大木　満〉

□債権譲渡

債権譲渡とは，債権を，その内容の変更をしないで移転する契約である。たとえば，Sに対して2年後を弁済期とする1000万円の貸金債権を有しているGが1年後に事業が行き詰まり，資金が必要となったので，この1000万円の債権をAに譲渡して，当面の運転資金を得ようとする場合に，GとAとの間で債権譲渡が行われる。譲渡後は，AがSに対して1000万円の債権を有することになる。債権は，譲渡することができるのを原則とするから（466条1項），債務者Sの承諾がなくても契約することができる。ただし，画家に肖像画を描かせる債権のように，債権者が変更する

と給付の内容も変更する債権，すなわち債権の性質上譲渡が許されない債権の場合には，譲渡することができない（466条1項但書）。また，G・S間でSの承諾がなければ譲渡できないとする特約〔譲渡禁止特約〕をした場合でも，Aが善意であるときは，Sの承諾なしにした譲渡契約は効力を生じる（466条2項）。 〈藤井俊二〉

□指名債権譲渡の対抗要件

指名債権とは債権者が特定した債権である。指名債権の譲渡は，債権者Gと譲受人Aとの譲渡契約によって効力を生じる。債務者Sの承諾は必要ではない。また，譲渡契約の意思表示だけで効力が生じる。指名債権の対抗要件には，2つの意味がある。

その1つは，債務者に対する対抗要件である。すなわち，GがAに債権を譲渡した場合に，債務者Sに対してAが債権を行使するための対抗要件である。これには，債権者GからSに対する債権譲渡があった旨の通知，または債務者SからGまたはAに対する譲渡があった事実を認識したという表明〔承諾〕がある（467条1項）。この通知・承諾がないときは，AはSに対して債権譲渡を対抗することができない。

2つめは，Gが同一債権をAとBに二重に譲渡した場合において，AとBの間の優劣関係を決するための対抗要件のような債務者以外の第三者に対する対抗要件である。この場合の対抗要件は，通知または承諾が確定日付のある証書によって行われることである（467条2項）。債務者以外の第三者とは，債権の帰属を争う関係にある者に制限すべきであり，S以外の一般債権者は，GからAへの債権譲渡について確定日付ある証書による通知・承諾がないことを理由にAが譲受債権を行使することを拒むことはできない。

〈藤井俊二〉

□確定日付ある証書

債権の譲受人が譲受債権を第三者に対抗するためには，確定日付ある証書によって通知または承諾をしなければならない（467条2項）。債権者と譲受人とが通謀して譲受人に有利な虚偽の日付を作成させないようにするためである。確定日付ある証書とは，民法施行法5条1項に列挙されている証書である。一般には，内容証明郵便によるのが普通である。 〈藤井俊二〉

□異議を留めない承諾

債権者Gが債務者Sに対する債権をAに譲渡した場合に，Sが異議を留めないで承諾をしたときは，SがGに対抗できる事由を有する場合であっても，それをAに対抗できない（468条1項）。たとえば，Sが既にGに債務の弁済をしており，債権が消滅していても，異議を留めない承諾をしてしまうと，Aの請求に対して，債権が消滅したことを対抗できず，再度弁済しなければならない。もっとも，Aが悪意である場合は，この限りでな

い。　　　　　　　　〈藤井俊二〉

□指図債権譲渡の対抗要件

指図債権とは，証券によって示された特定人またはその指図した人に支払われる債権である。商法上の手形・小切手・倉庫証券等がそれである（手形法11条，小切手法14条，商法603条等）。商法では契約だけでは譲渡の効力が生ぜず，裏書交付を効力要件と解している。民法では，指図債権の譲渡も単なる契約によって効力を生じ，裏書が対抗要件となる（469条）。しかし，民法上の指図債権は事実上存在しないといわれている。　　　　　　〈藤井俊二〉

□弁済

債務の内容である給付を，債務の本旨に従って実現すること。たとえば売買契約においては，売主が商品を買主に給付し，買主が代金を売主に支払うことで，相手方の債権（買主の目的物引渡債権および売主の代金支払債権）が，目的達成により消滅する。弁済としてなされる給付は，法律行為（たとえば所有権移転），および事実行為（たとえば商品取寄せ）のいずれをも含みうる。多くの弁済は債権者の協力を必要とし，債権者がこれを拒むときには，その受領遅滞（413条）が問題となり，債務者の債務不履行責任は後退する（→現実の提供・口頭の提供）。民法は，具体的方法として，特定物の現状引渡し（483条），債権発生時に特定物が存在した場所，または債権者の現時の住所における弁済（484条），債務者の原則的費用負担（485条），弁済者の受取証書交付請求権（486条）および債権証書返還請求権（487条）などにつき規定する。なお，弁済は，債務者以外の第三者によっても可能である（→第三者の弁済）。　　　　　　　　〈一木孝之〉

□第三者の弁済

債務者以外の者（第三者）が債務の弁済をなすこと。特定当事者間で発生する債務については，本来債務者自身が弁済すべきものであるが，民法は第三者の弁済も有効とする（474条1項本文）。ここにいう第三者は，当該弁済に関する直接の利害関係の有無に左右されず，かつ，債務者からの委託を得る必要もない。もっとも，第三者弁済が許されるのは，もっぱら代替性のある給付（金銭の支払が代表的であろう）であり，この点民法は，債務の性質により許されない場合があるとしている（474条1項但書前段）。有名な建築士が請け負った建物デザインを，素人が代行しても無意味であるように，とりわけ「なす債務」などが債務者の一身専属的なものである場合，第三者の弁済は問題とされない。また，第三者による弁済の可否は，当事者の意思表示に左右され（474条1項但書後段），特に利害関係なき第三者は，債務者の反対の意思表示がある場合に，弁済することを許されない（474条2項）。　　　　　　　〈一木孝之〉

□債権の準占有者への弁済

債権者以外の「債権の準占有者」に対する弁済は、弁済者が「善意」である場合に、有効とされる（478条）。本来、当事者間でのみ通有する債権債務関係において、弁済は、債権者またはその代理人など、受領権限を正当に行使する者へのそれでない限り、債権を消滅させない（もっとも479条は、債権者の利益となる受領権限なき者への弁済が、当該利益の限度で有効となる旨定める）。しかしながら民法は、取引の安全と迅速な決済を保障するため、例外として、「受取証書の持参人」が受領権限あるものとみなされること（したがって同人への弁済は有効とされる、480条）とならんで、債権の準占有者への弁済が有効となりうることを規定する。ここで、債権の準占有者とは、取引の観念に鑑み、真の権利者たる外観を有する者であるとされる。債権の表見相続人や効力なき債権譲渡契約の譲受人のほか、預金証書と印章の所持人などが、例として挙げられる。また判例は、準占有者弁済が有効となる要件として、478条が規定する善意に加えて、弁済者の「無過失」を要求している。したがって、銀行での対人的払戻手続にあっては、通帳と印鑑を持参した者が真の預金者でないことを知らなかっただけでは足らず、窓口業務において必要な注意を十分に尽くしたと評価されてはじめて、当該払戻が有効となりうる。

〈一木孝之〉

□代物弁済

債務者が、本来債務の内容として負担した給付に代えて、別の給付をなすこと。債権者がこれを承諾する場合、当該給付は弁済と同じ効力を有し、したがって相手方の債権は消滅する（482条）。金銭消費貸借契約上の借主が、貸主の同意を得た上で、借金1000万円を返済する代わりに、有名な絵画の真作を交付するような場合をいう。その際、現実の代物授受が行われねばならず、この点で、他の給付（つまり、旧債務に代わる新債務の負担）を約束するにとまる更改と異なる（→更改）。なお、今日では、代物弁済が、単なる債権の消滅原因としてのみならず、一種の担保的機能を発揮している点が注目される。すなわち、金銭消費貸借契約上の貸主が、借主の所有する土地につき、代物弁済予約、または停止条件付代物弁済契約を併せて取りつけておくことで、実質的な融資回収の確保を図るなど、とりわけ不動産を目的物とし、仮登記を用いる担保手段として利用されることがある（→仮登記担保）。

〈一木孝之〉

□弁済充当

同一人である債権者に対して同種の債務を複数負っている債務者のなした給付が、すべての債務を消滅させるに至らない場合、または、債権者に対する債務の弁済として数個の給付をなすべき債務者の個別給付が、債務消滅に充分

でない場合に，当該給付をいずれの債務の弁済に当てるか決定すること。たとえば，同一当事者の間で，250万円（返済期限2000年6月5日，利率2％，無担保），1000万円（返済期限2002年10月15日，利率2％，借主所有家屋に抵当権設定），および750万円（返済期限2004年4月10日，利率4％，無担保）という複数の金銭消費貸借契約が締結された場合において，1000万円の返済がどの債務の弁済に当てられるかは，とりわけ借主にとり重大な意味を持つことになる。この点につき民法は，まず①当事者の指定により，さもなければ②法定の充当がなされる旨定める。①として，第一に弁済者が給付時に，それがない場合に受領者が受領時に，相手方に対する意思表示により充当を行う（488条，490条）。②に関しては，各債務の弁済期到来の有無および先後，ならびに弁済が債務者にもたらす利益の多寡により決する（489条，490条）。なお，一個または数個の債務につき，利息など元本以外の給付が必要な場合，債務全体を消滅させるに充分でない弁済は，費用，利息，および元本の順で充当される（491条）。　〈一木孝之〉

□ **現実の提供・口頭の提供**

弁済を達成するためには，弁済者の給付のみならず，債権者の受領が必要となる（→弁済）。したがって弁済者は，給付に必要な準備をすべて整えた上，債権者に協力を求めることで，なすべきことを尽くしているといえる。こうした債務者の「努力」を弁済の提供といい，以後，契約解除や損害賠償など債務者の債務不履行責任が一切免除される（492条）とともに，債権者は受領遅滞（413条）に陥る。弁済の提供は，債務の本旨に従った実際の行為としての「現実の提供」が原則とされ，しかしながら債権者が事前に弁済の受領を拒絶するか，または，弁済に対する債権者の行為が必要な場合，準備完了を通知し，受領を催告する「口頭の提供」で充分とされる（493条）。後者の例として，高級熱帯魚の発送を約束した売主が，買主に対し，商品入荷を連絡し，水槽の用意など受け入れを求める場合が挙げられる。もっとも，弁済の提供それ自体によっては相手方の債権が消滅しない点で，供託と異なる（→供託）。　〈一木孝之〉

□ **供託**（きょうたく）　法令の定めに従い，金銭その他の物品を供託所または一定の者に寄託すること。なかんずく民法は，弁済のための供託（494条以下）および支払担保のための供託（367条3項）を定める。このうち，債権消滅原因としての供託は前者であり，債権者が弁済受領を拒絶するか受領不能の場合，または，弁済者の過失なくして債権者を確知できない場合に，弁済者は，弁済目的物の供託により，債務を免れることができる（494条）。

〈一木孝之〉

□ 弁済による代位

債務者でないにもかかわらず、同人に代わって弁済をなした者が、債務者に対する求償権を確保するため、その範囲内において、弁済により消滅したはずの債権者の権利または地位を行使すること。債務者以外の者がなす弁済には、そのような第三者に直接利害関係がない場合と、同人が弁済に関する正当な利益を有する場合とがありうる（→第三者の弁済）ところ、前者においては債権者の承諾を得て、かつ債権譲渡と同一の対抗要件（→債権譲渡）を取得した上で（499条＝任意代位）、後者の場合は当然に（500条＝法定代位）、債権者に代位することができる。後者の一例として、金銭消費貸借契約上の借主に代わって借金を返済した保証人が、自己の出捐を回収するため、貸主の有していた抵当権を代位行使する場合などが挙げられる（このほか、物上保証人、および担保目的物の第三取得者による代位などがある）。民法は、一部弁済や複数代位者の関係等につき、詳細な規定を置く（501条以下）。　　　　　　　　〈一木孝之〉

□ 相殺

同一当事者間に相対立して存在する同種の債権が、対当額において打ち消しあい、消滅すること（505条）。一例として、200万円の預金を有する顧客に対し、銀行が100万円の融資を実行すると、顧客の銀行に対する預金払戻債権、および銀行の顧客に対する貸金返還債権という金銭債権が発生する。このとき、顧客が破産した場合、銀行は顧客に対して預金全額を払い戻すにもかかわらず、顧客からは、他の債権者との関係で、債権額に応じた按分配当を受けるのみとすると不公平である。そこで、銀行は、顧客に対して、自己の債権（相殺する債権、自働債権という）でもって、相手方の債権（相殺される債権、受働債権と呼ばれる）を相殺する旨の意思表示をする（506条）ことで、後者が消滅し、結局、前者の残額100万円を払い戻せばよいことになる（優先的回収という点で、担保的側面が認められる）。相殺の要件は、相対立する同種の債権いずれも弁済期にあること（505条本文＝相殺適状）、および債権の性質上相殺が可能であること（505条但書の反対解釈）である。前者に関しては、受働債権の弁済期が到来していれば、弁済期未到来の自働債権につき自身の「期限の利益」放棄により、相殺は可能となる。また、後者については、不法行為に基づく損害賠償請求権など、実現それ自体に意味がある債権を受働債権とする相殺は許されないとされる。　　　　　　　　〈一木孝之〉

□ 更改

契約当事者が、債務「要素」の変更を約束すること。その結果、当初の旧債権は消滅し、新債権が発生する（513条）。単なる約束にとどまる点で、現物授受を伴う代物弁済と異なる（→代物弁済）。具体的類型として、債務者の交替（514条）、

債権者の交替（515条），および目的の変更が挙げられるが，前二者については，債務引受および債権譲渡（債権の同一性を維持したままでの当事者の変更）が認められる今日において，意義は低いとされる。　〈一木孝之〉

□**混同**（こんどう）　債権および債務が同一人に帰属することにより，債権が消滅すること（520条本文）。借地人が地主から賃貸目的物である土地の所有権を譲り受ける結果，土地賃借権および賃貸債務が同一人格に属するという無意味な事態に至る（自分が自分に貸す）ような場合に，混同が生じる。ただし，金銭債権につき抵当権が設定されている場合など，債権が第三者の権利の目的であるときは，同人の保護のため，当該債権は混同により消滅しない（520条但書）。　〈一木孝之〉

□**典型契約・非典型契約**（てんけいけいやく・ひてんけいけいやく）

契約とは当事者の相対立する意思表示の合致であり，事務管理・不当利得・不法行為とならんで，債権発生原因であって，法律行為の一つである。

契約のうち，民法典が定める13種類の契約（民法第3編第2章第2節以下に列挙されている契約），または民法や商法などの法律に規定されている契約を典型契約といい，それ以外の契約を非典型契約という。名前がある契約とない契約という意味で，有名契約・無名契約とも呼ばれてきた（303条参照）。売買や贈与といった民法典中の契約は典型契約であり，出演契約や出版契約などは非典型契約であるといえる。

契約内容の設定は当事者の自由に任されているのであるから（契約自由の原則），典型契約の類型を定めることには一見意義がなさそうである。しかし，典型契約には，問題となる契約が法的問題であることを意識させたり，契約内容の正義を実現したり，契約内容を確定する指針となったりする機能がある，といわれている。　〈辻上佳輝〉

□**双務契約・片務契約**（そうむけいやく・へんむけいやく）　契約の効力として，契約当事者が互いに対価的意義を有する債務を負担しあう契約を双務契約といい，逆に，契約の一方当事者のみが他方当事者に対して義務を負担する契約を片務契約という（297条2項，3項参照）。たとえば，売買契約は代金債務と目的物引渡債務を互いに負担しあうから双務契約であり（民法555条），贈与契約は贈与者が目的物引渡債務を負担するのみであるから片務契約である（民法549条）。危険負担など双務契約にしか適用のない規定の適用の有無を決定するために，この区別は意味がある。　〈辻上佳輝〉

□**諾成契約・要物契約**（だくせいけいやく・ようぶつけいやく）　契約両当事者の意思の合致のみによって成立する契約を諾成契約と呼び，契約両当事者の意思の合致に加えて，一方当事者が目的物の引渡その他の給付を現実になすこと

も契約成立のために必要とされる契約を要物契約と呼ぶ（旧299条2項3項参照）。たとえば，売買契約は，両当事者が給付を約束するだけで成立するので（555条）諾成契約であり，消費貸借契約は，借主は目的物の返還を約束するだけでよいが貸主は目的物の引渡までが必要とされているので（587条）要物契約である。典型契約のうちでは，消費貸借・使用貸借・寄託が要物契約とされている。

民法は，契約の成立をより自由に，かつ簡便にする観点から，諾成契約を原則としている（諾成契約原則）。要物契約のほとんどは無償契約であり，この二つは深く結びついている。現在要物契約とされているものは，歴史的経緯によるものが多いが，無償だけに自発性を確保する意味も大きい。

〈辻上佳輝〉

□ **有償契約・無償契約**（ゆうしょうけいやく・むしょうけいやく）

各契約当事者が対価的意義を持つ経済的損失を負担（出捐（しゅつえん））して，その見返りに利益を受ける契約を有償契約といい，逆に，契約の一方当事者がなんらの給付もなさないのに，他方当事者から一方的に利益を受ける契約を無償契約という（旧298条2項3項参照）。たとえば，売買契約は，売主が目的物を引渡すという出捐をし，そのかわりに代金を受け取る一方で，買主も代金の出捐をするかわりに目的物を受け取るという関係がある（555条）

から有償契約である。贈与契約は，贈与者が一方的に受贈者に対して目的物を引渡すだけの契約だから（549条）無償契約である。

双務契約はすべて有償契約である。また，消費貸借契約などの片務契約でも，利息が支払われるときは有償契約となる（590条）。

売買契約は有償契約の代表なので，売買の規定は広く有償契約に準用されている（559条）。この区別は，売買の規定の準用があるか否かを決める上で意味がある。

〈辻上佳輝〉

□ **約款**（やっかん）

保険契約・運送契約・銀行取引など不特定多数の顧客との間で反復継続的になされる大量かつ集団的な企業取引において，あらかじめ定型化された契約内容を定めておくことにより，取引を画一的に処理しようとする契約条項。普通取引約款・普通契約条款とも呼ばれる。約款が営利目的で作成される場合，経済的優位にある大企業が作成者となることが多く，そのような場合にも内容を強制してよいか議論の対象となっている（消費者契約法第3章）。

〈辻上佳輝〉

□ **附合契約**（ふごうけいやく）

保険契約・運送契約・電気の供給契約のように，契約両当事者が協議して契約内容を決めるのではなく，一方当事者Aが一方的にあらかじめ定めた契約内容を規定し，他方当事者Bはそれを包括的に受諾するか否かの選択しか持たない契約。この場合，Bは，契約について

附合するしかないので，この名称がある。契約自由の原則（特にその内容を決定する自由）が大量取引の要請によって修正されている例である。

〈辻上佳輝〉

□契約締結上の過失

契約が原始的に不能であるにもかかわらず，当事者の一方がそのことを過失によって知らずに契約をなし，そのことによって善意の相手方が損害を被った場合には，その当事者は相手方の損害を賠償する責任がある，とする考えである。

たとえば，ある家屋の売買契約において，その家屋が契約日前に火災で焼失していたにもかかわらず売主はそのことに気づかず契約を締結したため，買主はこの契約を締結するために支出した費用などが無駄になったような場合，売主はその損害についてこれを賠償しなければならない，とするのである。

本来ならば契約締結時に目的物が存在しない売買契約は原始的不能として，契約自体が不成立もしくは無効となり，当事者間に権利義務は生じないのが原則であるが，このような場合にこの原則を適用すると，善意の相手方は支出した金銭が無駄になってしまい，結果として損害を被ることになり，これを放置することは公平のバランスを欠くことになるため，契約締結前のことであっても売主は損害の賠償責任があるとするのである。したがってここでの賠償責任は買主の信頼利益に対する責任であるとされている。

信頼利益とは，その契約を有効なものと信じたことによって被った損害であり，たとえば，前例の家屋の売買において買主が支出した諸費用（調査費，書類作成費，調達した代金の利息など）がこれにあたる。

〈三好　登〉

□事情変更の原則

契約締結時には当事者が予想もしなかった社会的経済的変動があり，当初の契約内容を履行させることが著しく衡平を欠くようになった場合には，その契約内容の変更や契約自体の解除を認めるとする考えである。契約関係における信義誠実の原則からもたらされるひとつの法理である。

しかし，この原則が安易に適用されると「契約は守らねばならない」とする一方の大原則に抵触するおそれも出てくることになるから，この原則の適用は極めて慎重でなければならない。

この原則を適用する要件としては，①当事者が予見することができなかったような著しい事情の変化があったこと，②そのような事情の変化が当事者の責めに帰すべき事由によるものでないこと，③当初の契約内容を強制することが著しく衡平の原則に反すると認められること，である。

しかし，この基準も抽象的であり，具体的判断には困難を伴う。今回のバブル経済とその崩壊現象がこの事情変更にあたるかどうか議論の分かれると

ころである。

借地法や借家法，そして新しい借地借家法は過去の判例などにより，事情変更の原則にもとづく賃料増減額請求権制度を明文化している（借地法12条，借家法7条，借地借家法11条，32条）

〈三好　登〉

□同時履行の抗弁権

双務契約において相手方の債務の履行の提供があるまで自己の債務の履行を拒絶することができる権利（533条）。たとえば，売買契約において，買主は売主が目的物の引渡すまで代金債務を履行しなくてよいし，逆に売主も，買主から代金の提供を受けるまで目的物の引渡しを拒むことができる。このように，同時履行の抗弁権は，公平の見地から定められた制度である。この点，物権の一種である留置権（295条）と類似する。

この権利が使えるのは，①ひとつの双務契約から生じた対価関係にある債務が存在し，②相手方の債務が履行期にあり，③相手方が自分の債務の履行を提供せずに履行請求した場合である。

この権利によって，①相手方の請求に対しては引換給付判決が下され（つまり，一方的な給付判決が下されることはない），②履行遅滞の責を負うこともなくなる。また，③相殺により債務を消滅させられることもなくなる，という効果がある。 〈辻上佳輝〉

□危険負担

双務契約において，契約締結後，履行前に一方の債務が債務者の責に帰すべからざる事由により履行不能となって消滅した場合に，他方の債務はそれに影響を受けて消滅するのかという問題。またはその解決のための法理。たとえば，売買契約成立後に目的物である家屋が第三者に放火されたり類焼したりして売主の目的物引渡債務が消滅してしまった場合に，買主の代金債務がその影響を受けて消滅してしまうのかという問題である。

この場合，もし債務の牽連関係を重視して代金債務が消滅するとすれば，生じた危険（目的物が消滅したという損失）は，売主（最初に消滅した目的物引渡債務の債務者）が負担することになる（『売主注意せよ』）。これを「債務者主義」という。逆に，もし，代金債務を消滅させず，なおも代金支払請求を受けるとすれば，危険は買主（債権者）が負担することになる（『買主注意せよ』）。これを「債権者主義」という。

民法は，特定物に関する物権の設定移転には債権者主義を採用し（534条1項），その他の場合には債務者主義を採っている（536条1項）。しかし，債権者主義には，その内容に対しても，適用範囲の広さに対しても批判が多く，学説の大半はその適用を制限しようとしている。 〈辻上佳輝〉

□第三者のためにする契約

契約当事者の一方（諾約者）が，第三

者（受益者）に対して，直接に債務を負担することを相手方（要約者）に約束する契約（民法537条1項）。たとえば，要約者A（売主）と諾約者B（買主）の間で締結された売買契約の契約内容に，目的物はAからBに引渡されるが代金だけはBから第三者Cに支払うという条項（第三者約款）が入っていた場合などである。

ただし，第三者の権利は，第三者が諾約者に対して契約の利益を享受する意思表示（受益の意思表示）をするまで発生しない（557条2項）。契約の効力は相対効が原則だからである。

第三者のためにする契約は，結局は，契約の効果の一部を第三者に帰属させるという契約内容の修正方法のひとつに過ぎないので，特別な契約と考える必要はない。 〈辻上佳輝〉

□ **解除・解除権（かいじょ・かいじょけん）**

契約当事者の一方的意思表示によって，一度有効に成立した契約の効力を遡及的に消滅させ，その契約がはじめから存在しなかったのと同じような法律効果を生じさせること，また，そのような行為（単独行為）を解除という（540条以下。特に545条1項）。以上は，通説である直接効果説による定義である。間接効果説・折衷説によれば，「契約当事者の一方的意思表示によって契約を原状回復の関係へと転換すること」と定義されるであろう。

解除をなしうる権利は「解除権」と呼ばれ，形成権の一種である。解除権には，法律の規定に基づいて生じる法定解除権と，当事者の約定によって生じる約定解除権がある。法定解除権は，債務不履行を原因として生じる（541〜543条）。特に履行遅滞の場合には，債権者による相当期間を定めた催告が必要であるとされている。

解除制度は，①債務不履行を受けた契約当事者の保護をはかる，と同時に，②債務不履行をなした当事者に対して制裁を与える意味もあり，また，間接的には，③履行前の当事者に対して履行への心理的強制をかける，という機能がある。

解除権は，解除権者もしくは解除権行使の相手方が複数である場合には，その全員が全員に対して行わなければならない。これを解除権の不可分性・解除権不可分の原則という。

〈辻上佳輝〉

□ **贈与（ぞうよ）**

贈与とは，ある人（贈与者）が自己の財産を無償で相手方（受贈者）に与える意思を表示し，相手方がそれを受諾することによって成立する契約である（549条）。贈与の法的性質は，無償・片務・諾成・不要式の契約である。それ故，法律上の保護は弱い。例えば，書面による贈与および書面によらない贈与でも履行の終わった部分については撤回できないが，それ以外の場合には，各当事者は贈与契約を自由に撤回することができる（550条）。贈与者は，贈与の目的たる財産権を受贈者に移転すべき義務

を負うが，贈与の目的物や権利について瑕疵または欠缺があってもその責任を負う必要はない。ただし，贈与者がその瑕疵または欠缺を知っていて，これを受贈者に告げなかったときには，その担保責任を負わねばならない（551条1項）。負担付贈与の場合は，負担の範囲で有償契約に準ずべきであるから，贈与者はその負担の限度において売主と同様の担保責任を負う（551条2項）。なお，特殊の贈与として，負担付贈与，現実贈与，定期贈与，死因贈与がある。　　　　〈宮﨑　淳〉

□**売買**（ばいばい）　売買とは，当事者の一方（売主）が財産権を相手方（買主）に移転することを約し，これに対して相手方がその代金を支払うことを約束する契約である（555条）。その法的性質は，有償・双務・諾成・不要式の契約であり，売買の規定は有償契約一般に準用される（559条）。売主は，売買契約の主たる債務として目的たる財産権を移転すべき義務を負い，その目的物について権利や物の瑕疵がある場合には，担保責任を負う（561条～572条）。一方，買主には代金支払義務がある。　　　　〈宮﨑　淳〉

□**手付**（てつけ）　手付とは，契約締結の際に，当事者の一方から相手方に対して交付される金銭その他の有価物である。実際には，金銭が交付されることが多い。手付の交付は，本契約の締結に付随して授受されるものであるから，従たる契約である。手付と類似する概念として，内金がある。内金は，売買契約が成立した後にその代金支払の一部として交付されるものであり，契約が解除されなければ代金に充当される点において手付と同様である。手付の交付の目的や効力はその種類によって異なるが，民法は解約手付を原則とする。解約手付とは，当事者の一方が契約の履行に着手するまでは，買主は手付を放棄し（手付流し），売主はその倍額を償還して（手付倍返し）契約を解除できる手付をいう（557条）。つまり，両当事者の約定解除権を留保する意味でなされる手付である。その他の性質の手付として，契約が成立した証拠となる証約手付，債務を履行しない場合に違約罰として没収される違約手付がある。　　　　〈宮﨑　淳〉

□**他人物売買**（たにんぶつばいばい）　他人物売買とは，特定物を売主の物として売買したが，実はそれが他人の物であった場合をいう。民法は，他人物売買を無効とするのではなく，債権契約として有効とした。実際に，他人所有の物と知りつつ，売主がその所有権を取得することを条件として売買契約を締結する場合もあるから，これを有効とすることには意味がある。他人物売買では，売主は他人の権利を取得して，これを買主に移転する義務を負う（560条）。売主がその義務を履行できないときは，買主は契約解除権と損害賠償請求権を取得する。ただし，買主が契約当時その権利について売主に属

しないことを知っていた場合は，損害賠償を請求することはできない（561条）。売主が契約当時その目的物の権利について自己に属しないことを知らなかった場合において，その権利を取得して買主に移転できないときは，売主は損害を賠償して契約を解除できる。ただし，買主が悪意のときは損害を賠償する必要はなく，単に権利移転ができない旨を通知して契約を解除できる（562条）。　　　　　　〈宮﨑　淳〉

□**売主の担保責任**（うりぬしのたんぽせきにん）

売主の担保責任とは，売買の目的物に権利の瑕疵（権利が存在しないか制限がある場合）または物の瑕疵（予定された品質を有しない場合）があるときに，売主が買主に対して負うべき一定の責任をいう。有償契約である売買契約においては，両当事者が互いに負担する債務は対価的な意味をもつため，目的物に瑕疵がある場合には買主を救済しなければ公平性に欠けることになる。そこで，目的物に瑕疵がないことを買主に担保し，もし瑕疵があった場合にはそれについて売主に無過失責任を負わせたのである。担保責任の内容は，契約解除，代金減額請求および損害賠償である。担保責任は，権利の瑕疵に対する責任（追奪担保責任）と物の瑕疵に対する責任（瑕疵担保責任）に大別される。前者には，権利の全部または一部が他人に属する場合（560条～564条），数量不足・物の一部滅失の場合（565条），他人の権利によって制限を受けている場合（566条，567条）等があり，後者は，目的物に隠れた瑕疵がある場合（570条）である。　　　　　　〈宮﨑　淳〉

□**瑕疵担保責任**（かしたんぽせきにん）

瑕疵担保責任とは，売買の目的物に隠れた瑕疵（欠陥）があった場合に売主が買主に対して負う担保責任をいう（570条）。例えば，住宅を購入したところ建物の基礎部分が白蟻によって損傷を受けていることに気づいた場合に，その瑕疵について売主が負うべき責任である。買主は，目的物の瑕疵のために契約の目的を達しえないときは，契約を解除して損害賠償を請求でき，そうでないときは損害賠償のみを請求できる（566条1項）。権利の行使は瑕疵を知ってから1年以内にしなければならない（同条3項）。「瑕疵」とは，目的物が通常有すべき品質・性能を有していないような物質的な欠陥をいう。「隠れた」とは，取引で一般的に要求される注意をもってしても発見できないことをいう。買主が瑕疵を知らず，かつ知らないことについて過失のないことである。瑕疵担保責任の法的性質については論争がある。従来からの通説である法定責任説は，特定物の売買において売主はその特定物を給付する義務を負うのみで，たとえ目的物に瑕疵があってもその瑕疵ある目的物を給付すれば債務不履行を生じないという考え方に基づき，それでは公平性を欠くことになるから，特定物売買の場合

には買主を保護するため法律が特別に売主に課した担保責任であると解している。これに対して、瑕疵担保責任を債務不履行責任の特則として構成する説も有力である（債務不履行責任説）。
〈宮﨑 淳〉

□**買戻**（かいもどし）　民法579条以下に規定される買戻とは、不動産の売買契約を締結するにあたり、売主が一定期間内に売買代価と契約費用を返還すれば、将来これを買戻すことができる特約を定め、いったん売った不動産をこれに基づいて取戻す制度をいう（579条）。実質的には金銭の借入れのために不動産の売買をするという債権担保の機能を果たしている。売買契約と同時に買戻の特約を登記しておけば、その効力を第三者に対しても主張でき、目的物が第三者に譲渡されても、売主はその転得者から買戻すことができる（581条1項）。買戻期間は10年を超えることはできない（580条1項）。買戻は要件が厳格なため実際にはあまり利用されず、同様の機能を果たす再売買の予約が活用される傾向にある。再売買の予約は、最初の売買とは別異な売買の予約という構成をとるため、再売買の際の代価は最初の売買代価と異なってもよいが、買戻は最初の売買の解除と解されるため当初の代価が返還されねばならない。
〈宮﨑 淳〉

□**交換**（こうかん）　民法上の交換とは、当事者が互いに金銭の所有権でない財産権を移転する契約をいう（586条1項）。有償・双務・諾成・不要式の契約である。売買の規定が準用されるため（559条）、当事者は売主と同様の義務を負う。交換の目的物の間に価値の不均衡があり、それを補うために当事者の一方が財産権と共に金銭所有権の移転を約する交換を、補足金付交換という。この補足金については、売買の代金に関する規定が準用される（586条2項）。
〈宮﨑 淳〉

□**消費貸借**（しょうひたいしゃく）　当事者の一方が代替可能物の所有権を取得してこれを消費したうえで、これと同種・同等・同量の物を返還する契約をいう（587条）。消費貸借の対象としては様々な動産が想定されうるが、社会的に重要なのは、企業が資金融資を受ける場合や市民が住宅を購入するためにローンを組む場合のような、有償の金銭消費貸借契約である。これについては契約内容の適正化を図り借主を保護するために利息制限法・出資法・貸金業法などの特別法によって、最高利率など様々な規制が行われている。また消費貸借は、合意だけではなく、実際に金銭などの目的物が借主に「引渡」されて初めて成立する要物契約である（587条）。しかし、現代社会においては、手形・小切手・国債など経済的価値を移転させる形式は金銭以外に多様化していることから要物性が緩和される傾向にある。また抵当権との関係でも、要物性を厳格に考えると金銭を交付しなければ抵当権を設定できな

いとの問題が生じるので，これを回避するために，諾成的（合意のみで成立する）消費貸借を認める見解や，抵当権の附従性を緩和し将来成立する債権のための抵当権を認める見解（判例）が展開されている。 〈吉岡祥充〉

□**準消費貸借**（じゅんしょうひたいしゃく）　たとえば売買契約において買主が負担する代金債務を直ちに履行するのではなく，これを借金に切り替える場合のように，別の債務において給付するべき金銭その他の物を目的として消費貸借を成立させる契約を準消費貸借という（588条）。新たに目的物を交付しなくとも契約が成立する点で典型的な消費貸借に比べて要物性が緩和されている。また準消費貸借は旧債務の存在を前提として設定されるものであるから，旧債務が無効・取消の場合には準消費貸借は成立しない。しかし，旧債務に設定されていた担保は新債務に受け継がれるのが原則である。

〈吉岡祥充〉

□**賃貸借**（ちんたいしゃく）　当事者の一方が，ある物を相手方に使用収益させることを約束し，相手方がこれに対して賃料の支払を約束する契約をいう（601条）。賃貸借は，賃貸人の使用収益させる義務と賃借人の賃料支払義務が対価関係に立っている双務・有償契約であり，合意のみで成立する諾成契約である。たとえば貸し自転車などの動産を借りる場合もこれに当たるが，重要なのは建物を借りる場合（借家）や建物を建てるための土地を借りる場合（借地）などの不動産賃貸借である。とくに不動産賃貸借について，それは，継続的契約関係として当事者間に一定の「信頼関係」が存在することを前提に存立しうるものであることから，この信頼関係を破壊しない場合には，たとえ無断転貸・無断譲渡（612条）や用法違反・賃料不払があっても，一定範囲で賃貸人の解除権を制限する「信頼関係理論」が戦後の判例・学説によって形成されている。また不動産賃貸借の場合，土地所有や建物所有が利用に対して優越しやすい市場構造を是正し土地利用の安定化や居住の保護を図る必要があるため，借地借家法・農地法などの特別法が存在しこれが大きな役割を果たしている。 〈吉岡祥充〉

□**告知・解約**（こくち・かいやく）　賃貸借のような継続的契約関係において将来に向かって契約を解消させる意思表示を告知もしくは解約告知という。たとえば売買や贈与のように物や金銭の引渡によって一度に契約の履行が実現する一時的契約の場合には，解除によって契約を遡及的に（契約締結時に遡って）解消させることができる。しかし，賃貸借のような継続的契約関係においては，実態として存在してきた目的物の使用収益関係を遡及的に解消させること（契約がなかった状態にもどすこと）は不可能であるから，将来に向けてのみ契約関係を消滅させるしか方法がなく，この場合を解除と区別

して告知と呼んでいる。しかし，条文上は，用語法が統一されておらず，告知を「解約」(618条等)あるいは「解約申入」(617条，621条等)さらには「解除」(607条，612条2項，620条等)と表現している場合がある。従って，このような場合は，それぞれの契約の性格と規定の内容に従い個別的に告知か解除かを判断しなければならない。
〈吉岡祥充〉

□**使用貸借**（しょうたいしゃく）　当事者の一方が，ある物を「無償」で使用収益した後に返還することを約して相手方よりその物の引渡を受けることによって成立する契約をいう(593条)。たとえば大学生が親戚に家の空き部屋に無償で下宿させてもらう場合などがこれに当たる。使用貸借は，借主が目的物の所有権を取得しない点で消費貸借と異なり，契約の成立のために目的物の引渡を要する要物契約である点及び借主に賃料支払義務等のない無償契約である点で賃貸借とも異なっている。とくに無償か否かの事実認定が使用貸借と賃貸借とを区別する重要なポイントとなる。使用貸借は無償の契約であることから，通常は貸主と借主の間に何らかの個人的関係(家族，親戚，友人など)の存在することが前提となっており，ゆえに借主が死亡した場合その地位は相続されることなく契約関係は終了する(599条)。また貸主も積極的に使用収益をさせる義務を負うわけではなく，借主の使用収益を受忍する消極的義務を負うだけで，担保責任も無償契約である贈与の例に従うとされている(596条)。　〈吉岡祥充〉

□**借地借家法**（しゃくちしゃくやほう）　社会政策的見地から立法されたもので，借地権と借家権の強化を図る民法の特別法。民法制定当初は建物所有を目的として他人の土地を利用する場合は，資本投下に見合う強い権利である地上権(物権)を予定していた。しかし，民法制定後，この種の土地利用権としては土地賃借権(債権)が設定される場合が圧倒的に多く，土地利用者の地位が不安定であった。そこで，旧借地法は土地賃借人の地位を保障するため，地上権と一緒にして「借地権」とし，土地利用権の強化を図っている。他方，他人の家を借りて利用する権利を民法では債権である建物賃借権として民法601条以下の賃貸借の規定を適用した。その結果，借家人は建物利用について，著しい不利益を被る事態が多発した。そこで，借家人を保護するために特別法である借家法が制定され，これにより借家権は比較的安定した権利となった。借地法，借家法は平成3年に建物保護法と総合され，現在の借地借家法が成立した。　〈東川始比古〉

□**借地権**（しゃくちけん）　建物所有を目的とする地上権及び土地賃借権。民法と対比して次のような保護規定がおかれている。借地上建物の登記で地上権や土地賃借権登記と同等の対抗力を認める(借地借家法10条)。借地期間

の延長（同3条）。借地期間終了時の更新拒絶・借地契約解約に対する制限（同4～8条）。借地契約終了時や借地権の譲渡・転貸を地主が認めない場合の建物買取請求権の承認（同13, 14条）。地主が借地権の譲渡・転貸を承認しない場合の裁判所による代諾許可制度の導入（同19条）等がある。

〈東川始比古〉

□**借家権**（しゃくやけん）　他人の建物を借りて利用する権利。民法の建物賃借権と対比して次のような保護規定が置かれている。建物賃借権は登記していなくとも占有していれば対抗力を認める（借地借家法31条）。期間の定めのある契約の更新拒絶，または期間の定めなき場合の解約申し入れが賃貸人からなされる場合には「正当事由」を必要とする（同28条）。解約申入れ期間の保障（同26, 27条）。契約終了時の造作買取請求権の設置（同33条）。家賃の増減額請求権の承認（同32条）。内縁の妻などの居住権の保護（同36条）等である。

〈東川始比古〉

□**定期借地権**（ていきしゃくちけん）　借地借家法（平成3年成立）は，一定の要件の下で，更新がなく契約所定の期間で確定的に借地関係が終了する「定期借地権」を認めた。①一般定期借地権，②建物譲渡特約付借地権，③事業用借地権の3類型である。①は存続期間が50年以上で，法定更新及び建物再築による存続期間の延長がなく，建物買取請求を排除する旨の特約を備えることを要する。借地上建物の用途には制限がなく，居住用，事業用いずれも可能である。三つの特約は公正証書等の書面でなければ効力は生じない。②は期間30年以上で定期借地権終了後，建物を相当の価格で借地権設定者に譲渡する特約を付したもの。建物用途に制限はなく，契約も書面の作成を要件としていない。③は期間10年以上20年以下で，建物の用途は居住用を除いた事業専用であるとし，貸アパート・貸マンションは認められない。また，公正証書による設定契約が義務付けられており，こちらは建物買取請求権の適用が法文上除外されている。

〈東川始比古〉

□**定期借家権**（ていきしゃくやけん）　平成3年の借地借家法の成立後，さらに平成11年に「定期借家」が導入された。「普通借家」の場合，賃貸人は「正当事由」がない限り契約の更新を拒絶したり，解約の申入れをすることができないが（借地借家法28条），「定期借家」は，以下のような要件を満たすことによって，期間満了後は更新されることのない借家権を創設しようとするものである。定期借家が有効となるためには，公正証書等による書面によること，その書面の記載には，契約の更新がなく，期間の満了により当該建物の賃貸借が終了する旨の定めを置かなくてはならない。そして，建物の賃貸人は，賃借人に上記の旨を記した書面を交付して説明しなければならない。

賃貸人がこのような説明をしなかったときは、契約の更新がないこととする旨の定めは無効となる（同38条）。
〈東川始比古〉

□ **明渡の正当事由**　賃貸借契約は、期間の満了または解約の申入れによって終了する（617条）が、旧借地法4条、旧借家法1条の2は、賃借人保護のために自己使用その他「正当事由」がない限り、賃貸人は契約の更新を拒絶したり、解約の申入れをすることができないと規定していた。この「正当事由」は、いわゆる一般条項であるために、何が正当事由となるかは裁判所の判断に委ねられていた。特に借家に関しては戦後の住宅難を反映して膨大な判例が集積した。平成3年成立の借地借家法では、判例を踏まえて、貸主・借主が土地・建物の使用を必要とする事情の他、賃貸借に関する従前の経過及び土地・建物の利用状況、建物の現況、貸主が土地・建物の明渡しと引換えに借主に対して財産上の給付をする旨の申出（立退料の提供）を考慮して、正当事由を判断するものと規定した（借地借家法6、28条）。
〈東川始比古〉

□ **造作買取請求権**　借家人が家主の同意を得て建物に付加したり、家主から買受けたりした畳や建具その他の造作を借家契約終了時に時価で家主に買い取らせる権利（借地借家法33条）。借家人の投下資本の回収とそれらの付加物の取り外しを阻止して家屋の経済的損失を防止する目的をもつ。本来ならば、借家人が付加したものは賃貸借終了時に収去するのが原則であるが（598条、616条）、借家の場合は以上の理由で例外的に認められた。なお、この権利は平成3年の借地借家法の成立により、旧借家法とは異なり任意規定とされた（借地借家法37条）。
〈東川始比古〉

□ **建物買取請求権**　①借地権の更新が行われないとき（借地借家法13条）、②借地上建物を譲渡したが、地主が借地権の譲渡又は転貸の承諾をしないとき（同14条）に、借地権者又は建物譲受人が地主に借地上の建物を時価で買取らせる権利。この制度は、①更新を拒絶しようとする地主がいる場合に更新を促し、②借地権の譲渡、建物の転貸に承諾しようとしない地主に対し承諾を間接的に強制する効果を持つ。この権利は請求権と規定されているが、借地人側の意思表示だけで売買の効果の生ずる「形成権」である。
〈東川始比古〉

□ **信頼関係理論**　主として借地借家関係において借地人・借家人と地主・家主とのあいだで法規上の契約解除要件が満たされた場合であっても、当事者間で信頼関係を破壊するに至らないと認められる特段の事情があるときは地主・家主側からの契約解除は認められないとする考え方。次のような場合に判例・学説によって支持されている（最判昭28・

9・25他）。①借地・借家の「用法違反」による借地・借家契約解除の場合（616条，594条），②借地人・借家人が地主・家主に無断で賃借権を譲渡・転貸した場合（612条），などの分野においてこの理論は確立し，さらに賃料不払い（541条）の場合にもこの理論が適用されることがある。〈東川始比古〉

□**雇用**（こよう）　一方（労務者）が労務を提供することを約束し，他方（使用者）がそれに対して報酬（賃金）を支払うことを約束して成立する諾成・有償・双務の契約（623条）。仕事の完成を目的としない点で請負と区別され，労務提供について労務者に裁量が認められない点で委任と区別される。労務者は使用者の指揮命令に従わなければならず，労務者保護のため労働基準法などによる大幅な規制があり，民法が適用されるケースはほとんどない。〈神野礼斉〉

□**請負**（うけおい）　一方（請負人）が仕事の完成を約束し，他方（注文者）がその仕事の結果に対して報酬を支払うことを約束して成立する諾成・有償・双務の契約（632条）。家屋の建築や洋服の仕立てがこれにあたる。ただし，洋服の仕立て契約は，「作らせる」という請負の側面と「完成品を買う」という売買の側面があることから，通説はこれを製作物供給契約と呼んで，請負と売買双方の規定が適用されるとする。雇傭や委任と異なり仕事の完成（結果）が目的であるから，請負人が自ら労務を提供せずに下請負に出すことも可能である。その反面，請負人の帰責事由によらずに目的物が滅失・毀損した場合でも仕事完成義務はなくならず，履行不能となった場合でも報酬を請求できない（536条）。ただし，建築請負契約では約款が一定の修正を加えている。なお，注文者は仕事完成前ならばいつでも損害（報酬全額を含む）を賠償して契約を解除することができる（641条）。〈神野礼斉〉

□**委任**（いにん）　一方（委任者）が法律行為をすることを委託し，他方（受任者）がそれを承諾することによって成立する諾成契約（643条）。民法上は無償（片務）が原則であるが，報酬を特約することもでき（648条），実際には多くの場合が有償（双務）である。たとえば，不動産業者に土地の売却を依頼する場合がこれにあたる。仕事の完成（土地の売却）がなくても債務不履行にならない点で請負と異なる。受任者は，善管注意義務をもってその事務を処理しなければならない（644条）。無償の場合も自己の財産におけると同一の注意義務では足りない点で寄託と異なる（659条）。これは，契約における当事者の信頼関係を重視するためであるが，したがって，信頼関係がなくなれば，当事者双方はいつでも契約を解除することができる（651条1項）。しかし，有償委任の場合はこれを制限すべきとする学説もある。なお，委託なく事務処理を行う場合は事

務管理である。　　　〈神野礼斉〉

□**準委任**（じゅんいにん）　委任が法律行為の事務処理を対象とすることに対して，法律行為以外の事務処理を委託することを準委任と呼ぶ（656条）。しかし，準委任には委任の規定が準用されるため，両者を区別する実益はないとされる。たとえば，税理士との書類作成の契約や，医師との診療契約がこれにあたる。とりわけ診療（医療）契約においては，インフォームド・コンセント（十分に説明を受けた上での同意）など患者の自己決定権への配慮が重要となる。　　　〈神野礼斉〉

□**寄託**（きたく）　一方（受寄者）が他方（寄託者）のためにある物を保管することを約束してそれを受け取ることによって成立する要物契約（657条）。事務処理が物を預かることに限定される点で委任と区別される。たとえば，旅行中に飼犬を知人に預ける場合がこれにあたる。原則は無償（片務）であるが，現実には保管料を支払う有償（双務）の場合が多い。倉庫業は寄託の典型であるが，これは商法によって規制される（商法597条以下）。有償寄託では受寄者は善管注意義務を負うが（400条），無償寄託では自己の財産におけると同一の注意義務で足りる（659条）。受寄者は寄託者の承諾なく受寄物を使用したり第三者に保管させたりすることはできない（658条1項）。寄託者は，寄託物の性質または瑕疵によって受寄者に生じた損害を賠償しなければならない（661条）。なお，コインロッカーや貸金庫は保管場所を提供するだけで労務の提供がないので賃貸借である。　　　〈神野礼斉〉

□**消費寄託**（しょうひきたく）　受寄者が預かった物（受寄物）を消費し，同種・同等・同量の物を寄託者に返還することを約束する契約（666条）。受寄者が受寄物を消費できる点に特徴がある。消費貸借に類似していることから消費貸借の規定が準用されるが，寄託者がいつでも寄託物の返還を請求できる点において，相当な期間を定めて返還を請求する消費貸借と異なる（666条但書，591条1項）。銀行預金がこれにあたるが，約款などによる大幅な規制がある。　　　〈神野礼斉〉

□**組合**（くみあい）　2人以上の当事者が出資をして，一定の共同事業を営むことを約束して成立する諾成契約（667条1項）。出資が要件であるから有償・双務の契約である。マンションの管理組合，建設会社の共同企業体（ジョイントベンチャー）がその例であるが，たとえば，学生3人が金銭や物品を出し合ってアルバイトとして石焼芋の屋台をする場合もこれにあたる。出資は労務（芋を売る）でもよい（667条2項）。組合自体には法人格がなく，権利・義務の主体は各構成員であるが，判例によれば，組合員全員の名を挙げなくとも代表者が組合名と肩書きのみを表示することによって全員を代理することが可能とされる。組合

の財産は組合員の「共有」と定められるが（668条），持分処分も分割請求もできないことから（676条），学説はこれを合有と呼んで共有と区別する。なお，労働組合，農業協同組合，消費生活協同組合などは特別法によって法人格が与えられている。　〈神野礼斉〉

□**終身定期金**（しゅうしんていききん）　当事者の一方が他方に対して，ある特定の者（自己，他方または第三者）が死亡するまで，定期的に金銭その他の物を他方または第三者に給付することを約束して成立する諾成契約（689条）。たとえば，AがBに全財産を譲る代わりにBはAに対してAが死亡するまで生活費を支給する約束がこれにあたる（有償の場合）。しかし，国民年金や厚生年金など公的年金の充実によって，民法の終身定期金契約はその存在意義を失っている。　〈神野礼斉〉

□**和解**（わかい）　当事者がお互いに譲歩して，その間にある紛争をやめることを約束して成立する諾成契約（695条）。たとえば，100万円の貸金返還の有無をめぐる紛争について50万円を支払うことで決着する場合である。相互に利益を放棄しあう点で有償・双務の契約である。いったん和解をすると紛争を蒸し返すことはできないが，交通事故の示談（和解）後に生じた後遺症については，判例は，和解の対象外とするなどして被害者を救済している。　〈神野礼斉〉

□**事務管理**（じむかんり）　法的義務がないのに，他人のための事務を管理することにより発生する法律関係のこと（697条）。たとえば，迷い犬を飼い主のもとに届けたり，同窓会に出席するために上京する友人のために宿の手配をするような行為が該当する。事務管理が成立するためには，①管理者に法律上の義務がないこと，②他人の事務を管理すること，③本人（他人）のためにする意思を有すること，④本人（他人）の意思または利益に反することが明らかでないこと，が必要とされる。管理する事務とは，他人の生活に利益となる一切の行為をさし，事実行為でも，法律行為でもかまわない。管理も，他人の利益となる一切の行為をさし，利用，保存，改良，処分の各行為が含まれる。また，本人のためにする意思とは，事務管理による利益を事実上本人に帰属させようとする意思であり，この意思が表示される必要はない。事務管理の効果としては，管理行為により他人に損害をなした場合でも違法性が阻却され，不法行為として賠償責任を負わず（698条），他方で，管理者は，本人の意思に従ってまたは本人の利益に適った方法で行う義務（697条1項），善管注意義務，管理開始の通知義務（699条），管理継続義務（700条），管理状況等の報告義務（701条）を負い，本人に対して，管理者が出捐した費用の償還請求権（702条1項）等を有する。　〈奥田進一〉

□管理者の費用償還請求権

事務管理において，管理行為に際して管理者が本人のために有益費用を出捐した場合は，本人に対してその費用の償還を請求することができる（702条1項）。ここでいう有益費用には，必要な費用も含まれ，有益か否かは，費用を支払った時点を基準にして判断される。利益が本人に現存している必要はなく，管理者が出捐した有益費用のすべてを請求することができる。また，管理者が，本人のために有益な債務を負担した場合には，本人が管理者に代わって弁済し，弁済期がいまだ到来していないときは，相当の担保を供する義務を負う（702条2項）。本人の意思に反しているが，そのことが明らかでないままに管理者が行った事務管理に関して有益費用を出捐しまたは有益なる債務を負担した場合は，本人が現に利益を受ける限度においてのみ償還または弁済をすればよい（702条3項）。

〈奥田進一〉

□不当利得

法律上の原因がないのに，他人の財産や他人の労務によって自らが利益を受け，他人に損失を与えること（703条）。不当利得の一般的成立要件としては，①他人の財産や労務によって利益を受けたこと（受益），②他人に損失を与えたこと（損失），③受益と損失との間に因果関係が存在すること，④法律上の原因がないこと，の4点が挙げられる。不当利得は，他人の物を無権限者が使用，収益，処分等をした場合に利益を金銭により返還させる「侵害利得」と，一定の法律上の原因を存在として給付がなされたが，その前提が存在しなくなったことから利益を返還させる「給付利得」とに大別できる。侵害利得としては，アイドルXの写真を無断でYが販売した場合に，XがYに対して写真の販売によって得た利益の返還を請求するような場合が該当する。また，給付利得としては，XがYから自動車を購入する契約を締結して費用を支払った後に，この売買契約が錯誤等により無効となった場合にXがYに対して代金の返還を請求するような場合が該当する。善意の受益者は，その利益が現存する限度において返還する義務を負い（703条），悪意の受益者は，その受けた利益に利息を付して返還し，損害が発生した場合はその損害を賠償しなければならない（704条）。

〈奥田進一〉

□非債弁済

法律上の原因を欠く給付に対しては，弁済者は不当利得として給付の返還請求をなすことが可能であるはずであるが，弁済者が給付の時点で債務が存在しないことを知っていたときは，その給付の返還請求を認めないという制度が非債弁済である（705条）。このとき，給付は任意になされたものであることを要し，強制執行を避けるためや，脅迫によりなされた場合には返還請求が認め

られるとされている。また，弁済期が到来していない債務の弁済としてなされた給付についても，給付の返還請求は認められないが，債務者が錯誤によって期限が到来していると信じて給付をなした場合には，債権者がその給付によって得た利益についての返還請求が認められる（706条）。さらに，債務者ではない者が，錯誤によって自己に債務があると信じて他人の債務を弁済した場合にも，給付の返還請求が認められるが，債権者がこの弁済を有効であると信じて，証書を破棄したり，担保を放棄したり，時効により債権が消滅した場合には，返還請求はできない（707条1項）。ただし，弁済者から，債務者に対して求償権を行使することは可能である（707条2項）。

〈奥田進一〉

□**不法原因給付**（ふほうげんいんきゅうふ）　不法な原因により給付をした者は，その給付した物の返還請求を認めないとする制度（708条）。たとえば，賭博で負けた場合に賭け金を支払うという約束や，他人を殺傷することを条件とした報酬支払いの約束などは，公序良俗違反のために無効であり，賭け金や報酬を支払ったとしても，返還を請求することはできない。これは，自ら不法な行為をした者が，不法な行為を理由として救済を求めることは矛盾しており，法的保護に値しないという趣旨に基づいている。本条にいう「不法」とは，民法90条に規定される公序良俗に違反するような，反社会的で，道徳や倫理を無視した醜悪な行為であることを要し，強行法規違反は含まない。ただし，不法原因が利益を受ける者にのみ存する場合は，例外として返還請求できる（708条但書）。たとえば，きわめて高い利息により金銭を貸す暴利行為などは，不法性は貸主側にのみあり，借主は相当な利率を超えた既払い分については返還請求ができる。なお，判例は，不法性が給付者と受益者の双方に存在するが，受益者の不法性が給付者のそれに比して著しく大きい場合には，受益者の返還請求を認める傾向にある。また，不法原因による給付者が，自己の所有権に基づいて返還請求したとしても，法の趣旨に照らしてこれを認めるべきではないと考えられている。

〈奥田進一〉

□**不法行為**（ふほうこうい）　不法行為には一般の不法行為と特殊の不法行為がある。前者は，他人の権利ないし利益を違法に侵害して損害を与えた者に対して，その損害を賠償すべき債務を負わせる（709条）。そこでは，賠償義務者となるのは加害者自身であるが，そうでないのが後者である。たとえば，使用者責任（715条）においては，「被用者」が第三者に加えた損害につき「使用者」が損害賠償責任を負う。不法行為制度は，被害者の救済と損害の公平な分担を図ることを目的とする。一般の不法行為の成立要件は，①加害者の故意または過失，②権利侵害（た

だし，これは違法な加害行為の典型を示したものにすぎないとして，加害行為の違法性と解するのが通説である。），③損害の発生，④加害行為と損害発生との因果関係（以上，709条），および⑤加害者の責任能力（712条，713条参照）である。たとえば，キャッチボール中にAが不用意にボールを投げてB宅の窓ガラスを割った場合，AはBにその損害を賠償すべき債務を負う。損害賠償は金銭賠償によるのが原則（722条1項）であり，AはBに窓ガラスの修理代相当額の賠償をしなければならない。例外的に，名誉毀損の場合のように，原状回復措置が認められる場合もある（723条参照）。なお，特殊の不法行為の成立要件は，各々個別的に定められている（714条〜719条参照）。　　　　　　　　　〈橋本　眞〉

□**無過失責任**（むかしつせきにん）　他人に損害を与えた場合に加害者が故意・過失なくして負うべき損害賠償責任をいう。民法は，個人の活動の自由を保証するため過失責任主義（過失なければ責任なし）を原則とした（709条参照）。しかし，公害・環境汚染や欠陥製品などによる被害については，その大量発生にもかかわらず，加害者の過失の証明が極めて困難であったため，不法行為制度による被害者の救済は進まなかった。そこで，このような状況を克服するため，種々の無過失責任立法がなされた（鉱業法102条，大気汚染防止法25条等）。たとえば，製造物責任法では，製造物につき欠陥の存在が証明されれば，製造者の過失の証明なくして損害賠償責任が認められる（3条）。なお，無過失責任を根拠づける考え方としては危険責任（社会に危険を作り出した者はその危険の現実化に対して責任を負うべし）と報償責任（利益をあげる過程で他人に損失を与えた者はその利益の中から損害を賠償すべし）がある。　〈橋本　眞〉

□**故意**（こい）**・過失**（かしつ）　故意とは，一定の結果の発生を意欲し，または，そうした結果の発生を認識ないし予見しながら，それを認容して行為をするという心理状態をいう。過失とは，伝統的学説では，自己の行為により一定の結果が発生することを認識すべきであったのに，不注意のためその発生を認識しないでその行為をするという心理状態をいうと解されていた（主観的過失）。しかし，判例は，一定の結果の発生が予見でき，それを回避すべき行為義務があったにもかかわらず，これに違反することを過失と解してきた。これによれば，具体的状況の下で損害の発生を回避するために行為者がとるべき行為と実際にとった行為との間に相違があるとき，過失の存在が認定される。このことから，過失はもはや加害者の具体的な意思（主観）とは離れたものであり，客観的な行為義務違反であると理解するのが，現在の通説である（客観的過失）。不法行為の成立には故意・過失のいずれかが

□ **責任能力**（せきにんのうりょく）　自己の行為の責任を弁識する能力をいう。換言すれば，自己の加害行為が法律上の責任を生じさせるものであることを弁識することのできる程度の知能をいう（判例）。責任能力を欠く状態にある者は，他人に損害を与えても，不法行為責任を負わない（712条，713条）。責任能力の有無は，行為者の判断能力の程度や当該行為の性質から個別的に判断されることになるが，判例・学説とも，未成年者については概ね12歳を境界年齢と解している。　〈橋本　眞〉

□ **監督義務者の責任**（かんとくぎむしゃのせきにん）　責任能力を有しない者が他人に損害を加えた場合において，この責任無能力者を監督すべき者が負う損害賠償責任をいう（714条）。この場合，責任無能力者自身は賠償責任を負わないので（712条，713条），被害者救済のため監督義務者に賠償責任が認められた（補充責任）。監督義務者には法定監督義務者（親権者，後見人等）とその代理監督者（保育所，学校，精神病院等）がある。成立要件は，①責任無能力者の行為が，責任能力以外の不法行為の一般的成立要件を満たしていること，②監督義務を怠らなかったことの証明がないこと，である。監督義務者の過失は，責任無能力者の加害行為そのものについての過失であることを要せず，監督義務を怠ったという意味での過失があれば足りる。なお，加害者が責任能力を有するが行為無能力者である場合，この者の行為と監督義務者の過失との間に因果関係があるときは，監督義務者は709条に基づいて賠償責任を負う（判例・通説）。　〈橋本　眞〉

□ **使用者責任**（しようしゃせきにん）　被用者がその使用者の事業の執行につき第三者に損害を加えた場合に，その使用者（または代理監督者）が負う損害賠償責任をいう（715条1項・2項）。その法的性質については，かつては，被用者の選任・監督についての使用者の過失に根拠を求めて自己責任と解されていたが，現在は，報償責任・危険責任を基礎として代位責任と解するのが通説である。成立要件は，①使用者と被用者との間に使用関係があること，②被用者が「事業ノ執行ニ付キ」加害行為をしたこと，③被用者が第三者に損害を加えたこと，④使用者に免責事由がないこと，である。②事業執行性について，判例は，被用者の職務外の行為についても，外観上職務の執行とみられる場合にはこれを満たすとする（外形理論。ただし，学説は事実的不法行為への適用を批判する）。使用者は被害者に損害賠償をした場合，その後被用者に求償できるが（715条3項），信義則上相当と認められる範囲に限られる（判例）。　〈橋本　眞〉

□ **共同不法行為**（きょうどうふほうこうい）　不法行為の発生に複数の者が関与し，その関与者（共同行為者）全員

が連帯して損害賠償責任を負う形態の不法行為をいい，3種類のものがある（719条）。①複数の者が共同の不法行為によって他人に損害を与えた場合（1項。狭義の共同不法行為）。集団で暴行を加えて被害者を傷つけた場合である。成立要件は，(1)共同行為者各自の行為が不法行為の一般的成立要件を満たすこと，(2)共同行為者間に客観的関連共同性（複数の者の加害行為が社会的にみて一体とみられる関係）があること，である。②共同行為者中実際に誰が損害を与えたのか不明の場合（2項）。集団で暴行を加え被害者を死亡させたが，誰の一撃が致命傷か不明の場合である。③幇助または教唆をした場合（3項）。教唆とは他人を唆して不法行為を実行する意思を決定させること，幇助とは不法行為の実行を容易にする行為をすることをいう。教唆者や幇助者は，直接の加害者ではないが，共同行為者とされる。〈橋本　眞〉

□**過失相殺**（かしつそうさい）　不法行為による損害の発生またはその拡大について被害者にも「過失」があった場合，これを考慮に入れて損害賠償額を減額できる（722条2項）。これが過失相殺であり，被害者が路地から急に飛び出して自動車にはねられた場合等になされる。公平の理念を根拠とする。なお，ここにいう「過失」はいわゆる「不注意」であり，その有無は「損害の発生を避けるのに必要な注意をする能力（事理弁識能力）」を前提として判断される（判例）。〈橋本　眞〉

□**因果関係**（いんがかんけい）　ある事実が，それに先行する他の事実に起因するという関係をいう。講学上，因果関係には事実的因果関係と相当因果関係とがある。前者は，不法行為の成立要件としての因果関係であり，加害行為と損害発生との間に原因・結果の関係があるという事実の平面における関係である。たとえば，A事実がなければB事実も生じなかったであろうと考えられる関係があれば，AとBとの間に因果関係があるといえる（「あれなければこれなし」の関係）。これに対して，後者は，損害賠償の範囲を限定する際などに用いられる概念である。たとえば，交通事故で傷害を受け入院中の被害者が病院の火災によって死亡した場合，交通事故と死亡との間に事実的因果関係は認められるが，その死亡損害についてまで交通事故による損害として加害者に賠償を認めるのは妥当ではない。そこで，交通事故と事実的因果関係のある損害のうち，加害者に賠償を認めるのが妥当と考えられるものだけに損害賠償の範囲を限定するとき，相当因果関係が用いられる。判例は，416条がこれを定めた規定と解している。なお，学説では，因果関係は，本来，存在するかしないかという事実認定の問題であるから，損害賠償の範囲などの決定のような法的判断の問題を相当「因果関係」の問題として扱うのは妥当ではないという批判が強

〈橋本　眞〉

□人格権(じんかくけん)

人格権とは、人が生活体または社会的活動単位として有する個々の人格的利益に対して、法律上の保護が与えられている権利のことをいう。民法は、その例示として、710条において身体・自由・名誉を規定しているが、その他にも氏名・貞操・肖像・信用・プライバシーにも成立しうると解されている。また、最近は、環境権・嫌煙権・自己決定権なども人格権と関連づけて主張されている。民法は、権利侵害を不法行為の成立要件とするが、現在では権利侵害を違法性におきかえ、違法性があれば不法行為が成立するとする。したがって、人格権概念を認める実益が問題となるが、保護されるべき利益の内容および限界を明確にし、その違法な侵害を不法行為とすることをより容易にするという点で実益があるとされている。人格権を侵害すると、不法行為として、損害賠償責任が生じるほか、継続的な人格権侵害に対しては、差止請求権も認められている。

〈太矢一彦〉

□名誉毀損(めいよきそん)

名誉とは、人に対する社会的評価であり、名誉毀損は、その評価を低下させる行為のことをいう。単なる主観的な名誉感情の侵害は名誉毀損ではない。名誉を毀損された被害者は、不法行為として損害賠償を請求することができ（710条）、さらにそれに代えて、あるいはそれとともに新聞紙上等への謝罪広告のような名誉回復の処分を請求することもできる（723条）。名誉毀損は、自然人のみならず法人に対しても成立すると解されている。

〈太矢一彦〉

□環境権(かんきょうけん)

人間生活にかかわる大気・水・日照・静穏な自然環境、さらには歴史文化的遺産や社会環境など、良好な環境を享受することを求めることができるとする権利。1960年代からの公害反対運動の盛り上がりの中から新たに提唱された概念であり、憲法13条・25条等の基本的人権にその根拠が求められている。しかし、その内容・効果は十分固まっているとはいえず、裁判において損害賠償や差止請求の根拠となる実体的権利を基礎付けるものなのかどうかという点については学説上も異論がある。判例は、権利主体の範囲及び権利内容が不明確であること等を理由に、環境権を一貫して否定している。関連する裁判例として、大阪国際空港騒音訴訟（最判昭56・12・16民集35・10・1369）、名古屋新幹線訴訟（名古屋高判昭60・4・12判時1150・30）、その他がある。

〈太矢一彦〉

□受忍限度(じゅにんげんど)

公害の被害が発生したことで、ただちにその差止や損害賠償請求が認められるのではなく、社会共同生活を営んでいる以上、お互いにある程度までは、受忍しなければならないとされる範囲。この範囲については、被害の程度、態様、当該地域の性質、先住性、さらには差

止や損害賠償を認めることで社会に与える影響など，さまざまな事情を考慮して判断されるべきものとされる。しかし，現在のところ単に判断要素を列挙するのみで，その各要素をどのように評価し位置づけるべきかについて基準となるものがないことから，結局，差止や損害賠償請求の可否の判断を裁判官に白紙委任することになるとの批判がなされている。また，今日の公害は人間生活を根底から破壊するほど極めて深刻なものであり，しかも主要な加害者である大企業は常に加害者であり，被害者は常に被害者であって，そこには相互受忍の余地がないとの批判もなされている。　　　〈太矢一彦〉

□**差止請求**（さしとめせいきゅう）　他人の違法な行為により，自己の権利が侵害されるおそれのある者が，その行為をやめるように請求する権利。損害賠償請求権が事後的救済の手段であるのに対し，差止請求は事前の救済を目的とする。公害による被害を防止するには，侵害行為の差止が効果的であることから，公害訴訟において損害賠償とあわせて請求されることが多い。有名な事件としては，周辺住民が午後9時から翌朝7時までの空港の使用差止めと過去および将来の損害賠償を求めた大阪国際空港騒音訴訟がある。この事件で，最高裁判所は過去の損害賠償は認めながらも，差止請求に関しては訴えを却下した（最判昭56・12・16民集35・10・1369）。差止請求の法的根拠としては，物権的請求権説，人格権説，環境権説，純粋不法行為説，受忍限度論的不法行為説などの説があり，最近ではこれらの諸説を複合的に適用すべきとの見解も有力である。判例は人格権説をとる。　　　〈太矢一彦〉

□**土地工作物責任**（とちこうさくぶつせきにん）　土地の工作物の設置または保存の瑕疵により，他人に損害を加えた場合，工作物の所有者または占有者が負担する賠償責任（717条）。この責任を負担する者は，まず第1次的に占有者であるが，占有者は損害の発生を防止するに必要な注意を払ったことを立証すれば責任を免れる。この場合，第2次的に所有者が責任を負担しなければならない（717条但書）。所有者には免責事由が認められておらず，危険責任の原則に立脚した無過失責任を負うとされている。「土地の工作物」とは，土地と結合した人工的なもののこととをいい，建物，塀，電柱，電線，ガスタンク，トンネル，橋のほか，建物内部の施設であるエレベーター，エスカレーターなども含む。判例は，踏切の保安設備（最判昭37・4・26民集16・4・975）についても，土地の工作物としており，工作物の概念は拡張される傾向にある。なお，道路・河川その他の公の営造物については，国家賠償法（国賠22条）の適用がある。

〈太矢一彦〉

□**製造物責任（PL）**（せいぞうぶつせきにん）　製造者の生産した製造

物の欠陥によって損害が発生した場合に，製造者が負担する損害賠償等の責任。生産物責任ともいう。英語では，product liability というもので，PL と略称されることも多い。従来，このような場合の責任は，不法行為責任の問題として処理されたことから，製造者の過失や損害発生に関する因果関係は，被害者がその立証をしなければならなかった。しかし高度に発達した科学・技術によって供給される製品に関し，その証明責任を被害者に負わせるのは過酷であることから，消費者保護を目的とした製造物責任法が1994年に制定されることとなる。この法律では，製造業者等は，引き渡した製造物の欠陥により他人の生命，身体または財産を侵害したときは損害賠償を負う（製造物3条本文）とされ，被害者は，欠陥を立証すれば，製造業者等の過失の有無にかかわらず，損害賠償を求めることができ，立証の負担が大幅に軽減されている。　　　　　　〈太矢一彦〉

□**国家賠償法**（こっかばいしょうほう）　公務員の不法行為に対する国または公共団体の損害賠償責任を定めた憲法17条の規定に基づき，その具体的要件を定めた法律。公務員がその職務を行うについて，故意又は過失によって違法に他人に損害を加えたときは，国又は公共団体が損害賠償責任を負う（国賠1条1項）。この場合，公務員個人は，直接被害者に対して責任を負わず，故意又は重過失のある場合にだけ，国又は公共団体が当該公務員に対して求償権を行使できる（国賠1条2項）。道路・河川その他の公の営造物の設置・管理に瑕疵があったために他人に損害が生じたときは，国又は公共団体が賠償責任を負う（国賠2条1項）。施設の管理者と費用負担者が異なる場合はそのどちらも賠償責任を負う（国賠3条）。そしてこれら3条の規定によるほか，国又は公共団体の損害賠償の責任については民法の規定によること（国賠4条），また民法以外の特別法の定めがあればそれによること（国賠5条）等が規定されている。〈太矢一彦〉

□「家」制度

民法旧規定（明治民法［1898（明治31）年公布］）に定められた家を中心とするわが国独特の家族制度をいう。家は，同一の戸籍に登録された親族団体をいい，戸主と家族により構成されていた。戸主は，家族の身分行為の許可権・居所指定権，その違反に対する制裁権としての離籍・復籍拒絶権など戸主権といわれる支配権よって家族を統制し，家の存続維持を目的に，家督相続により，長男子だけが戸主の地位と家の財産を承継すべきものとされた。このような家族内の権力関係は国体と結びつき，政治権力のイデオロギーの支柱として大きな機能を果たした。家制度は，戦後，「民法の一部を改正する法律」（1947［昭和22］年公布）により廃止されたが，親族間の互助義務（730条），祭祀財産の承継（897条），氏と祭祀財産の承継との結びつき（769条，749条，751条2項，771条，808条2項，817条），成年養子の維持（793条，796条）など，「家」の観念を温存する規定も残されている。　　　　〈早野俊明〉

□身分行為

財産上の法律行為に対する概念であり，婚姻・協議離婚・養子縁組・協議離縁・任意認知などの身分の得喪変動を目的とする法律行為をいう。身分行為が財産上の法律行為と異なる性質をもつことから認められている概念である。すなわち，身分行為は行為者本人の意思を強く尊重すべきことが要請され，原則として代理は許されず（738条，764条。例外として797条，811条2項），意思の欠缺や瑕疵ある意思表示に関する規定の適用はなく，意思のない身分行為は無効であることが規定され（742条1号，802条1号），詐欺・強迫による身分行為についても，独自の規定をもっている（747条，764条，808条1項，812条）。また，例えば，重婚（732条）や近親婚（734条〜736条）など公序良俗違反とされる行為も無効とされることなく，取り消しうるものとされている（743条，744条）。もっとも，近時，これら身分行為については統一的な把握ができないことから，このような概念を維持することに疑念が呈されている。　　　　〈早野俊明〉

□直系尊属・直系卑属
ちょっけいそんぞく　ちょっけいひぞく

ある者から見て，世代が上下に直線的に連なる血族を直系血族といい，そのうち，祖父母・父母などのように自分より前の世代に属する者を直系尊属，子・孫などのように自分より後の世代に属する者を直系卑属という。傍系血族（ある者と共同の始祖を介して連なる血族），傍系尊属（傍系血族のうち，おじ・おばなどのように自分より前の世代に属する者），傍系卑属（傍系血族のうち，おい・めいなどのように自分より後の世代に属する者）に対する用語である。もっとも，傍系尊属が問題となる例は少なく（例えば793条），傍系卑属についてはそもそも規定がお

かれていない。自分の配偶者や同じ世代にある血族（兄弟姉妹）は，尊属でも卑属でもない。また，尊属・卑属の区別は，血族のみの区別であり，姻族にはこの区別はない。直系尊属・直系卑属についての法律上の効果として，互助義務（730条），扶養義務（877条），相続権・代襲相続権（887条，889条）などがある。　　〈早野俊明〉

□**姻族**（いんぞく）　ある者から見て，その配偶者の血族および自己の血族の配偶者をいう。例えば，自己の配偶者の両親・兄弟姉妹，自己の子の配偶者・兄弟姉妹の配偶者である。したがって，配偶者の一方の血族と他方の血族（夫の父母と妻の父母，夫の兄弟姉妹と妻の兄弟姉妹），血族の配偶者相互間（兄の妻と弟の妻，姉の夫と妹の夫）は，姻族ではない。民法上，3親等の姻族（配偶者のおじ・おば）までが親族とされる（725条）。姻族関係は，婚姻よって発生し，離婚によって当然消滅するほか，配偶者の一方が死亡した場合には，生存配偶者の姻族関係終了の意思表示によって消滅する（728条）。　　〈早野俊明〉

□**婚姻**（こんいん）　男女の性的結合の永続性と安定性を目的として，当該社会において承認され秩序付けられたものをいう。わが民法は，法律の定める手続を具備した婚姻をもって有効な婚姻とする法律婚主義を採用する。すなわち，婚姻が有効に成立するためには，形式的要件と実質的要件を充足する必要がある。形式的要件として，戸籍法に従い婚姻の届出をすること（739条，戸74），実質的要件として，当事者に婚姻意思の合致があること（742条1号），婚姻適齢に達していること（731条），重婚でないこと（732条），再婚禁止期間を経過したこと（733条），近親婚でないこと（734条〜736条），などが必要である。婚姻の効果として，夫婦同氏の原則（750条），同居・協力・扶助・貞操義務（752条），成年擬制（753条），夫婦間の契約取消権（754条），夫婦財産契約（755条〜759条），法定財産制（760条〜762条），などがある。婚姻は，離婚または夫婦の一方の死亡によって解消する。　　〈早野俊明〉

□**内縁**（ないえん）　婚姻意思をもって同棲し，実質的には夫婦同様の生活を送っているが，法の定める婚姻の届出手続を経ないがために，法律的には婚姻関係として取り扱われない事実上の夫婦関係をいう。判例はかつて，内縁を婚姻予約と解し，その不当破棄に対し予約不履行として損害賠償責任を認めたが（大連判大4・1・26民録21〜49），その後，準婚関係と構成し，法律上の婚姻に準ずる関係として，婚姻上の法的効果を付与することとなった（最判昭33・4・11民集12・5・789）。　　〈早野俊明〉

□**夫婦財産契約**（ふうふざいさんけいやく）　夫婦の財産の帰属，その使用・収益・管理・処分，債務の負担，婚姻

解消の際の財産の清算など，夫婦の婚姻中の財産関係を定める夫婦間の契約をいう。夫婦財産契約は婚姻の届出前に締結しなければならず（755条），婚姻届出前に登記をしなければ，夫婦の承継人および第三者に対抗できない（756条）。契約の内容は当事者が自由に決定しうるが，公序良俗ないし婚姻共同生活の本旨に反するような契約を約することはできない。また，婚姻届出の後は，①夫婦の一方が他方の財産を管理する場合に，管理が失当であったことによってその財産を危うくしたとき，②契約の際に予め管理者の変更や共有財産の分割について定めがなされていたとき，の2つの場合を除き，契約の内容を変更することはできない（758条）。夫婦財産契約は，要件が厳しく，夫婦間の契約という観念が国民感覚に合致しにくいため，ほとんど利用されていない。夫婦財産契約が締結されない場合には，民法が予定する法定財産制による（755条，760条〜762条）。〈早野俊明〉

□**法定財産制**（ほうていざいさんせい）　夫婦財産契約が締結されていない場合に，夫婦間の財産関係を処理するために一般に適用される法律上の制度をいう（755条）。現行民法は，別産・別管理制を原則とし，その建前のもとに，夫婦の内部関係については婚姻費用の分担制，外部関係については家事債務の連帯責任制を採用する。すなわち，夫婦の一方が婚姻前から有する財産および婚姻中自己の名で得た財産は各自の個人財産（特有財産）とし，夫婦いずれに属するか明らかではない財産はその共有に属する（762条）。また，夫婦と未成熟子との家庭生活を維持していく上で必要な費用（婚姻費用）は，夫婦の資産・収入その他一切の事情を考慮して分担する（760条）。さらに，夫婦の一方が，未成熟子を含む夫婦共同生活を営む上で通常必要とされる一切の事項（日常の家事）に関して第三者と法律行為をしたときは，他の一方はこれによって生じた債務につき，第三者に対し責任を負わない旨の予告をしていた場合を除き，連帯してその責任を負わなければならない（761条）。

〈早野俊明〉

□**離婚**（りこん）　夫婦の生存中に婚姻関係を解消することをいう。婚姻が有効に成立した後の事由により婚姻が解消される場合であり，婚姻の成立要件に欠缺や瑕疵があるために完全に有効には婚姻が成立しない，婚姻の無効・取消の場合とは異なる。離婚には，夫婦の合意により離婚届書を提出することによって成立する協議離婚（763条），協議では合意が成立しない場合に，家庭裁判所への離婚調停の申立により，調停の成立によって認められる調停離婚（家審18条・21条1項），離婚の合意は成立したが，財産分与などの離婚条件に関するわずかな意見の相違のために調停が成立しない場合に，家庭裁判所が相当と認めるときに，職

権で，調停に代わる審判によって成立する審判離婚（家審24条），調停不成立で，審判離婚もなされていない場合に，夫婦の一方が他方を相手として訴えを提起し，法定の離婚原因に基づいて認容する判決によって成立する裁判離婚（770条），の4方式がある。離婚によって，姻族関係は消滅し（728条1項），婚姻によって氏を改めた者は婚姻前の氏に復する。離婚復氏後に離婚の際に称していた氏を称することもできる（767条，771条）。また，夫婦の一方は他方に対し財産分与を請求することができる（768条，771条）。子が未成年の場合には，親権者・監護者を決めなければならない（819条1項，同条2項，766条，771条）。

〈早野俊明〉

□離婚による財産分与

離婚に際し，夫婦の一方が他方に対し財産を分与することをいう。この請求権を財産分与請求権といい，分与の額・方法などについては，まず当事者の協議により，協議が不調・不能の場合には，家庭裁判所が一切の事情を考慮して定めることになる。財産分与の請求は，離婚後2年以内にしなければならない（768条，771条）。財産分与には，通常，婚姻中夫婦の協力により形成された財産の清算，離婚後の生活困窮者の扶養，有責配偶者から他方に対する慰藉料，の3要素が含まれるとされる。〈早野俊明〉

□離婚原因

裁判上の離婚を請求するための原因として，法律上要求される事由をいう。離婚原因には，一方当事者に有責事由があるときにだけ離婚を認める有責主義と，それ以外に客観的な婚姻関係の破綻があるときに離婚を認める破綻主義がある。また，法定の離婚原因がある場合に必ず離婚を宣言しなければならないとする絶対主義と，離婚原因があっても，離婚を命ずるかどうかを裁判所の裁量に委ねる相対主義がある。わが民法は，離婚原因として，不貞行為，悪意の遺棄，3年以上の生死不明の有責事由のほかに（770条1項1号～3号），強度の精神病，婚姻を継続し難い重大な事由を挙げ（770条1項4号5号），破綻主義を採用する。また，これらの事由が存在する場合でも，裁判所は，一切の事情を考慮して婚姻の継続が相当と認めるときには，離婚を棄却することができるとして（770条2項），相対主義の立場に立っている。

〈早野俊明〉

□子の監護者

現行法上，協議離婚（766条），裁判離婚（771条），婚姻の取消（749条），父の認知（788条）の場合に，一般に，事実上の監護養育に適任者をあてて実質的な子の保護を図るために，親権者とは別に，子を監護すべき者（監護者）を定めることができる。監護者は通常は父母であるが，父母の監護が不能・不適当な場合には，父母以外の第三者

を監護者とすることもできるとするのが通説・実務であり、第三者にも民法766条の申立権を認めるべきとする見解が近時の有力説である。〈早野俊明〉

□**嫡出子**（ちゃくしゅつし） 婚姻関係にある父母の間に生まれた子のこと。嫡出子であるための要件としては、①母が妻たる身分を有すること、②婚姻中に懐胎したこと、③夫の子であること、の3点がある。これらの要件のうち、②と③は直接の証明が難しい。そこで民法は、婚姻成立の日から200日後又は婚姻の解消若しくは取消しの日から300日以内に生まれた子を、婚姻継続中に懐胎したものと推定し、妻が婚姻継続中に懐胎した子を夫の子と推定する（772条）。こうして父性の推定を受ける子には、嫡出性が付与される（推定を受ける嫡出子）。父性推定は、嫡出否認の訴えによってのみ覆すことができる（774条）。ところで、嫡出子がすべて772条の要件を満たすわけではない。たとえば、内縁関係の継続中に婚姻が成立し、婚姻成立の日から100日目に生まれた子も、婚姻成立後に妻が生んだ子であれば嫡出子とされる（推定を受けない嫡出子）。なお、772条の要件を満たしていても夫の子でないことが明らかな場合（推定の及ばない嫡出子）、父子関係の切断は、親子関係不存在確認の訴えによる。嫡出子には、以上の生来嫡出子のほかに、準正嫡出子がある。準正嫡出子は、婚姻準正による嫡出子と認知準正による嫡出子とに分かれる。嫡出推定されない子を嫡出でない子（非嫡出子）という。〈黒田美亜紀〉

□**認知**（にんち） 嫡出でない子について、その父または母との間に、法律上の親子関係を発生させる制度のこと。非嫡出子については、その父または母がこれを認知することができる（779条）。もっとも、母子関係は、分娩の事実によって当然発生するから、認知を必要としない。父子関係の発生には、認知を必要である。認知には、任意認知と強制認知とがある。任意認知は、父が自分の意思で認知届を出すことによって行う（781条1項）。また、遺言によって行うこともできる（781条2項）。ところで、非嫡出子の父が、その子を妻との間の嫡出子として届け出た場合、その子が嫡出子となるわけではないが、そこには自分の子であるという意思表示が含まれていると解されるので、認知としての効力がある。強制認知は、父が任意認知を拒否する場合に、子、その直系卑属またはこれらの者の法定代理人が認知の訴えを提起して認知を強制することによって行う（787条）。父が死亡した場合、その死亡の日から3年を超えると認知の訴えを提起できなくなる（787条但書）。認知が行われると、認知した父と子との間に生まれたときからの親子関係が発生する。したがって、認知した父は子の出生のときから子を保育・監護すべき義務を負うこととなるが、子の親

権者・監護者や氏には，原則として変更がない。　　　　　〈黒田美亜紀〉

□養子（ようし）

養子縁組の手続きによって，養親の嫡出子としての身分を取得した者のこと。養子制度は，自然の親子関係がない者の間に人為的に親子関係を作り出す制度である。養子には，普通養子と特別養子とがある。ここでは，普通養子について述べる。養子縁組のための要件は，実質的要件と形式的要件に分けられる。実質的要件は，当事者間に縁組をする意思の合致があること，などから成る。形式的要件は，届出である。人違いその他の事由によって当事者間に縁組の意思がないとき，または届出をしないときは縁組は無効となる（802条）。養子は，縁組の日から養親の嫡出子としての身分を取得する（809条）。これに伴い，養子と養親の血族の間に，法定血族関係が生じる（727条）。なお，養子とその実方の親族関係には何らの影響もない。したがって養子は，養親とも実方の親族との間にも相続や扶養の関係を持つことになる。縁組は離縁によってのみ解消する。　　　〈黒田美亜紀〉

□代諾養子（だいだくようし）

代諾縁組による養子のこと。養子となる者が15歳未満であるときは，その法定代理人が本人に代わって縁組の承諾をすることができる（797条1項）。身分行為は代理に親しまないという原則の重要な例外である。代諾権者は，親権者・後見人，児童福祉施設に入院中の児童で親権者・後見人のない者については児童福祉施設の長である。代諾権者である法定代理人のほかに養子となる者を監護すべき者と定められた父母がいるときは，その同意を要する（797条2項）。たとえば，未成年で未婚の母となった者の親は，親権を行使していても，娘の同意を得ずに代諾養子縁組することはできない。ところで，生まれて間もない子をいったん他人の子として届け出た後で戸籍上の父母の代諾によって養子縁組をした場合，養子が15歳に達した後に追認すれば縁組ははじめから有効になる。なお，未成年者を養子とする場合なので，家庭裁判所の許可が必要である（798条）。
　　　　　　　　　　　〈黒田美亜紀〉

□特別養子（とくべつようし）

特別養子縁組によって，養親の嫡出子としての身分を取得した者のこと。特別養子縁組は，養親となる者の請求がある場合で，①養親となる者について夫婦共同縁組の原則および年齢，②養子となる者について要保護性および年齢，③父母の同意に関する要件を満たし，かつ④6ヶ月以上の試験養育期間の状況を考慮して妥当と判断されるときに，家庭裁判所の審判によって成立する（817条の2，817条の8）。特別養子は，普通養子の特則であり，子の利益を図るための制度である。普通養子と同じく養子は縁組の日から養親の嫡出子としての身分を取得し（809条），養親の親権に服する。特別養子縁組が成立す

ると，養子と実方の父母およびその血族との親族関係は終了する（817条の9）。実方の親族との間で相続や扶養の関係は生じない。戸籍の記載については，一見して養子であることが分からないよう配慮されている。離縁は例外的にしか認められない。

〈黒田美亜紀〉

□**親権**（しんけん） 親が未成熟の子を保育・監護・教育する職分のこと。親子関係から生ずる最も重要な法的効果である。未成年者は父母の親権に服する（818条1項）。親権は，子を健全に育成するという国家社会に対する親の義務であると同時に，子の監護教育の内容を自由に決定できるという意味で親の権利でもある。親権の内容は，子の身上監護に関する権利義務と，子の財産に関する権利義務とに大別される。身上監護に関する権利義務としては，監護教育の権利義務（820条），居所指定権（821条），懲戒権（822条），職業許可権（823条），縁組の同意権（797条）などがある。子が第三者に不法に抑留されている場合には，親権にもとづき子の引き渡しを請求できる。財産に関する権利義務としては，財産管理権と代理権・同意権（824条，4条）などがある。利益相反行為については，家庭裁判所によって子のために特別代理人が選任されなくてはならない。

〈黒田美亜紀〉

□**親権者**（しんけんしゃ） 未成年の子に対して親権を行う者のこと。親権に服する子の父母が婚姻中であれば，父母が共同して親権を行うのが原則である（818条1項，同条3項）。父母の一方が死亡したときや，後見開始の審判や親権喪失宣告，病気や行方不明で親権を行使できないときは，他の一方が親権を行使する（818条3項）。父母が離婚するときは，どちらか一方が親権者となる。非嫡出子については母が親権者となるが，父が子を認知した場合には，父母の協議で父を親権者とすることができる（819条4項）。家庭裁判所は，必要な場合には，親権者を他の一方に変更できる（819条6項）。未成年の子が養子となった場合には，養親が親権者となり，養親が婚姻中であれば父母が共同して親権を行う（818条2項，同条3項）。なお，親権者が親権を濫用したり，親権者としてふさわしくない行状があったりするときは，家庭裁判所は親権の喪失を宣告することができる（834条）。〈黒田美亜紀〉

□**後見**（こうけん） 未成年者および成年被後見人を保護するための制度のこと。親権者のいない未成年者の監護教育および財産管理を行うための親権の延長としての未成年後見と，精神上の障害により事理弁識能力に問題がある成年者の身上監護および財産管理を行うための成年後見とがある。なお，成年後見には，法定成年後見制度としての後見（狭義）・保佐・補助の3類型と任意成年後見制度とがある。後見は，未成年者に対して親権を行う者が

いないとき，または親権を行う者が管理権を有しないときに開始する（838条1号）。また，家庭裁判所が後見開始の審判をしたときも後見が開始する（838条2号）。後見の機関としては，必須の執行機関である後見人と，監督機関である後見監督人および家庭裁判所がある。後見は，未成年の子が成年に達し，または婚姻をなし，成年被後見人の能力を回復に伴う後見開始の審判の取消しがあったときや後見人が死亡したときには終了する。

〈黒田美亜紀〉

□後見人（こうけんにん）
➡総則の後見人を見よ。
〈黒田美亜紀〉

□後見監督人（こうけんかんとくにん）
後見人の職務遂行を監督する機関のこと。未成年後見の場合①未成年後見人を指定することができる者は遺言で後見監督人を指定できる（848条＝指定後見監督人）。また，②家庭裁判所が，必要に応じて，被後見人，その親族もしくは後見人の請求又は職権によって，できる（849条＝選定後見監督人）。なお成年後見の場合，②に挙げた者の請求又は職権によって家庭裁判所が選任する（849条の2）。〈黒田美亜紀〉

□保佐（ほさ）
➡総則の被保佐人・保佐人を見よ。
〈黒田美亜紀〉

□補助（ほじょ）
➡総則の被補助人・補助人を見よ。
〈黒田美亜紀〉

□扶養（ふよう）
自分の力だけでは生活できない者を援助すること。法律上一定の親族関係にある者の間には，互いに扶養義務がある（私的扶養）。国家や地方公共団体も，生活保護など，このような者を援助する仕組みを整備している（公的扶助）。両者の関係については私的扶養が公的扶助に優先するとされていることから（生活保護法4条），親族間で扶養するのが原則である。自己の財産・労力で生活することができない要扶養者がいる場合に，自己の生活をしてなお余裕がある者は，扶養義務者として扶養の当事者となる。①要扶養者の直系血族および兄弟姉妹は，当然に扶養義務を負い（877条1項），②家庭裁判所が特別の事情ありと認めた場合には，三親等内の親族が扶養義務を負わされる（同条2項）。扶養義務者が複数いる場合の順位や扶養の程度・方法については，当事者の協議で，協議が調わない場合には家庭裁判所がそれらを定める（878条，879条）。

〈黒田美亜紀〉

□生活保持義務・生活扶助義務（せいかつほじぎむ・せいかつふじょぎむ）
私的扶養の程度に関する二つの態様を指す。生活保持義務は，夫婦の間や未成熟の子との間のように，本来共同生活すべき者の間の扶養義務である（752条）。扶養の程度としては，自己の生活の維持それ自体として，相手方に自分と同じ程度の生活を保障することが求められる。一杯のかけそばでも分け合わなくてはならない。これに対し，生活扶助義務は，親，成熟した子，兄弟姉妹の間のように，通常は別々に

生活している者の間の扶養義務である（877条）。なお，一般に扶養という場合には，親族間の扶養，すなわち生活扶助義務を意味する（877条には夫婦が挙げられていない）。扶養の程度としては，自己の生活を維持したうえでなお余裕がある場合に限って，相手方に最低限度の生活を保障すれば足りる。自己の生活を犠牲にしてまで扶養することや扶養義務者と同じ程度の生活を保障することまでは求められていない。ここに親族的扶養の限界および特徴がある。　　　　　　　　〈黒田美亜紀〉

□相続

人が死亡したときに、死者の有する財産を他の者に承継させること。死亡による財産承継の方法には、死者の遺言によってなされる場合（遺言相続とよばれる）と、法律があらかじめ定めるところによりなされる場合（法定相続とよばれる）の二通りがある。一般に相続といえば、後者の法定相続をさす。この場合、死者を被相続人、財産を承継する者を相続人、承継される財産を相続財産または遺産という。相続が開始すると（882条）、被相続人の死亡の時から、相続財産は、法律上当然に相続人に移転する（896条本文）。相続財産について相続人のもつ権利を相続権という。相続人が数人ある共同相続においては、相続財産は相続人全員の共有財産となる（898条）。ただし、祖先の霊をまつるための祭具（仏壇を含む）などの祭祀財産は、特別財産として相続財産のわくからはずされ、相続とは別に、祖先の祭祀を主宰する者に単独で承継される（897条）。　　　　〈篠原光児〉

□法定相続人

法律により遺産を相続する者。たんに相続人ともいう。誰が相続人となるかについては、民法は前もってこれを法定し、戦前家督相続において行われていたような遺言による指定相続人を認めない。法定相続人には、被相続人との関係により二つの種類がある。一つは、血族相続人である。被相続人の子（887条1項）、直系尊属、兄弟姉妹（889条1項）がこれにあたる。血族相続人のあいだでは、この順序で相続人となり、先順位の者があるときは、後順位の者は相続人となることができない。胎児は、すでに生まれている子と同じ扱いをうけて、相続人となる（886条）。もう一つは、配偶相続人である。被相続人の配偶者は常に相続人となる（890条）。相続人としての配偶者は、婚姻届を出した法律上の夫または妻をいい、内縁配偶者を含まない。配偶相続人は、血族相続人があるときは、その者とならんで共同相続人となる。相続開始前の相続人は、特に推定相続人とよばれる。　　　〈篠原光児〉

□相続回復請求権

相続人以外の者が、相続財産を相続したとして取得する場合に、相続人がその者に対し、相続権を侵害されたことを理由に相続財産の返還を請求する権利（884条）。この場合の相続人を真正相続人といい、相続人でないのに相続人と称する者を表見相続人などという。表見相続人には、相続権をもたない者のほか、自己の相続分を超えて遺産を取得する共同相続人が含まれる。たとえば、夫が死亡した場合の相続において、妻があるにもかかわらず、子なり、夫の父母なりが妻を除外して相続財産を取得したときなどがそうである。相続回復請求権は、真正相続人が相続権を侵害された事実を知った時から、5年で時効消滅する。相続関係の早期確定が目的である。もっ

とも，5年の時効期間は短期であり，かえって表見相続人を不当に利するおそれがあることから，時効の援用はできる限り制限される傾向にある。また，被相続人が死亡した時から20年を過ぎたときも，相続回復請求権は消滅する。

〈篠原光児〉

□**代襲相続**（たいしゅうそうぞく）　相続人が子または兄弟姉妹である場合，その者が相続の時すでに死亡し，または相続欠格もしくは廃除により相続権を失っていた場合に，その者に子があれば，その子が子または兄弟姉妹に代わって相続すること（887条2項，889条2項）。代襲相続人つまり被相続人の孫なり，甥姪なりは，本来の相続人が相続するはずであった分を相続する（901条）。これを株分けという。子が代襲される場合には，再代襲が認められている（887条3項）。　〈篠原光児〉

□**相続欠格事由**（そうぞくけっかくじゆう）　相続人が相続に関して悪事をはたらいた場合には，相続欠格として当然に相続権を失う。相続欠格となる一定の事由を欠格事由という。相続欠格事由には，以下の場合がある（891条）。①故意に被相続人または先順位もしくは同順位の相続人を殺害し，または殺害しようとして刑に処せられた者，②被相続人が殺害されたことを知りながら，告発または告訴しなかった者，③詐欺または強迫によって，被相続人が遺言をし，遺言を取り消し，または遺言を変更しようとするのを妨げた者，④詐欺または強迫によって，被相続人に遺言をさせ，遺言を取り消させ，または遺言を変更させた者，⑤被相続人の遺言書を偽造し，変造し，破棄し，または隠匿した者が，そうである。相続欠格者は，相続人となることができないのだから，もし相続財産を取得すれば，表見相続人となる。相続欠格の効果は相対的であり，すべての相続から欠格者が締め出されるわけではない。

〈篠原光児〉

□**推定相続人の廃除**（すいていそうぞくにん　はいじょ）　相続人に，被相続人に対する虐待，もしくは重大な侮辱，またはその他の著しい非行があったときは，被相続人は，相続人から相続権を失わせることを家庭裁判所に請求することができる（892条）。これを推定相続人の廃除（あるいはたんに相続人の廃除）という。廃除の請求は，遺言によってもすることができる（893条）。廃除は相続人の遺留分（相続権の最低保障）まで根こそぎ失わせることができるという点で，意味がある。したがって，廃除の対象となるのは，遺留分を有する相続人すなわち子（その代襲相続人を含む），直系尊属，配偶者（1028条，1044条）に限られ，そうではない兄弟姉妹は含まれない。廃除は，被相続人の意思にもとづいて行なわれるのだから，いったん廃除の審判があっても，被相続人はいつでも廃除の取消しを家庭裁判所に請求することができる（894条）。もっとも，たとえ廃除

を取り消さなくても、被相続人は被廃除者に遺贈することはできる。

〈篠原光児〉

□法定相続分・指定相続分

相続人が数人ある共同相続において、各相続人が遺産についてもつ分け前を相続分という。被相続人が遺言で各相続人の相続分を指定すると、遺産は指定相続分に従って分配される。ただし、各自の遺留分を害することはできない（902条）。遺言による相続分の指定がなければ、各相続人の相続分は、民法が定める法定相続分の割合による（900条）。それによると、①子と配偶者が相続人である場合には、配偶者が2分の1、子は2分の1、②直系尊属と配偶者が相続人である場合には、配偶者が3分の2、直系尊属は3分の1、③兄弟姉妹と配偶者が相続人である場合には、配偶者が4分の3、兄弟姉妹は4分の1となる。子、直系尊属、兄弟姉妹が数人ずつあるときは、それぞれの血族相続分を均分したものが、各自の相続分となる。ただし、非嫡出子の相続分は嫡出子の2分の1とし、半血兄弟姉妹の相続分は全血兄弟姉妹の相続分の2分の1とする例外が認められている。

〈篠原光児〉

□特別受益者

共同相続人のうち、被相続人から、遺贈をうけ、または生前に、婚姻、養子縁組のため、もしくは生計の資本として贈与をうけた相続人（903条）。特別受益者があるときは、その贈与を相続の時に残っていた遺産に加えて相続財産とみなし、これを法定（または指定）相続分の割合で分配して、各相続人の相続分を算定する。そこから、生前贈与や遺贈を差し引いたものが、特別受益者の相続分となる。相続人間の公平を確保するための措置である。

〈篠原光児〉

□寄与分

共同相続人のうち、被相続人の事業に関する労務の提供または財産上の給付、被相続人の療養看護その他の方法により被相続人の財産の維持または増加につき特別の寄与をした相続人に与えられる一定の補償（904条の2）。寄与者の相続分の算定は、相続の時に残っていた遺産から共同相続人の協議で定めた寄与分を引いて相続財産とみなし、これを法定（または指定）相続分によって各相続人に分配した相続分に寄与分を加えたものとする。

〈篠原光児〉

□遺産分割

共同相続において、いったん相続人全員の共有財産となった遺産を各相続人にその相続分に応じて分配し、個々の財産の帰属を決めること。共同相続人は、原則として、いつでも遺産分割の協議をすることができる。協議が調わない場合には、家庭裁判所に分割の請求をする（907条）。分割は、遺産に属する物または権利の種類および性質、各相続人の年齢、職業、心身の状態および生活の状況その他いっさいの事情を考慮

してしなければならない（906条）。遺産分割の方法には、現物で分割するとか、一人の相続人に現物を割り当て他の相続人に対して相続分に見合う金銭を支払わせるとかなどがある。遺産分割が終了すると、各相続人が分割によって受け取った相続財産は、被相続人の死亡と同時に各相続人に相続されたものとみなされる。ただし、第三者の権利を害することはできない（909条）。相続人の一部を除外してなされた遺産分割の協議は無効であり、遺産の再分割がなされる。　〈篠原光児〉

□ **相続の承認・放棄**（そうぞく しょうにん ほうき）　相続が開始した後、相続人は自分の意思によって被相続人の遺産を相続するか相続しないかを選択することができる。被相続人に債務があり、残された積極財産に対して債務超過の場合などには相続人に相続を強制するのは酷になるため、民法は相続人が自分のために相続の開始があったことを知ってから3ヶ月以内に相続人の意思によって相続するかしないかを選択させることにしている（915条）。相続の承認には、一切の留保を付けず被相続人の債務について無限責任を負う単純承認と、被相続人の残した積極財産の限度でのみ被相続人の債務について責任を負う限定承認がある。相続の放棄は被相続人の遺産の相続を一切拒否し、被相続人の債務のみならず、積極財産についても承継を拒否することである。相続の開始後3ヶ月以内に相続の放棄も限定承認の申述もしないままでいると、単純承認したものとみなされる（921条）。　〈宮崎幹朗〉

□ **単純承認**（たんじゅんしょうにん）　相続人が何の留保も付けず、被相続人の残した一切の権利義務を承継すること。単純承認すると、相続人は被相続人の債務についても無限責任を負うことになる（920条）。相続開始後3ヶ月以内に相続人が限定承認も相続放棄もしなかった場合や、遺産の全部または一部を処分した場合などには、単純承認したものとみなされる（921条＝法定単純承認）。　〈宮崎幹朗〉

□ **限定承認**（げんていしょうにん）　相続開始後、相続人が被相続人の債務および遺贈の弁済を留保して、相続を承認すること（922条）。遺産に対する債務超過のおそれがある場合に、債務の清算をおこない、債務が残っても責任を負わず、財産が残れば相続するという制度である。相続開始後3ヶ月以内に財産目録を調製して家庭裁判所に提出し、その旨を申述しなければならない（915条，924条）。相続人が複数の場合は、共同相続人全員の共同でなければ限定承認はできない（923条）。

〈宮崎幹朗〉

□ **相続の放棄**（そうぞく ほうき）　相続開始後に相続人が被相続人の残した権利義務を承継しない旨の意思表示をすること。相続人が相続の放棄をするためには、自己のために相続が開始したことを知ってから3ヶ月以内に家庭

裁判所にその旨を申述しなければならない（915条，938条）。相続放棄した者は最初から相続人とならなかったものとみなされる（939条）。本来は遺産に対する債務超過による不利益を避けるための制度であるが、遺産の分散を避けるための方策として利用されている。　　　　　　　　　　〈宮崎幹朗〉

□財産の分離（ざいさんのぶんり）

相続が開始した場合に、相続債権者や受遺者または相続人の固有の債権者が相続財産または相続人の固有の財産から優先的に弁済を受けることができるように、相続財産と相続人固有の財産を分離して清算する制度。相続開始後3ヶ月以内かまたは両財産が混合しない間に、債権者から家庭裁判所に対して財産分離の請求をすることができる（941条，950条）。財産分離には2種類ある。第1種の財産分離は、相続人の債務が超過しているときなどに、相続債権者または受遺者が請求して相続財産から優先的に弁済を受けるものである。これに対して、第2種の財産分離は、相続財産が債務超過である場合に、相続人の固有の債権者が請求して相続財産の精算をおこなうものである。　　　　　　　　　　〈宮崎幹朗〉

□相続人の不存在（そうぞくにんのふそんざい）

被相続人が死亡し相続が開始したが、相続人がいないこと。民法は相続が開始した後、相続人がいるかいないかが明らかでない場合には、相続財産を相続財産法人とし（951条）、家庭裁判所で相続財産管理人を選任することになっている（952条）。この管理人は不在者の財産管理人と同様の権利義務を有する（953条）。後日、相続人が現れた場合には、相続財産法人は最初から存在しなかったことになる（955条）。相続財産管理人が相続債権者および受遺者に対して2ヶ月を下らない期間内に請求の申出をすべき旨を広告（957条）してもなお相続人が明らかでないときには、家庭裁判所が6ヶ月を下らない期間内に相続人の申出を求める広告をしなければならない（958条）。相続人からの申出がなければ、申出した相続債権者および受遺者への分与をおこない、その後特別縁故者（958条の3）への分与をおこなった後、残余の財産は国庫に帰属することになる（959条）。　　　　　　　　　　〈宮崎幹朗〉

□特別縁故者（とくべつえんこしゃ）

被相続人が死亡し相続が開始した後、一定の期間内に相続人が現れなかった場合に、相続債権者や受遺者への清算後、家庭裁判所が被相続人と特別の縁故（ゆかり）があった者に相続財産の全部または一部を分与する制度（958条の3）がある。特別縁故者に該当するのは、被相続人と同居したりして生計をともにしていた者、内縁関係の配偶者や事実上の養子、被相続人の療養や看護に努めた者などである。
　　　　　　　　　　〈宮崎幹朗〉

□遺言（いごん）

個人の財産は、遺言で自由に処分することができる。

たとえば，特定の相続人を廃除したり（893条），相続分を変更したり（902条），あるいは，相続人以外の者に遺産を与えたりすることもできる（990条）。また，認知（781条2項）や未成年者の後見人の指定（839条）など，身分関係についても遺言できる。

遺言できるのは，満15歳に達した者である（961条）。成年被後見人も，意思能力さえあれば，医師の立会いの下で遺言をすることができる（973条）。

遺言は，民法に定める方式に従わなければならない（960条）。民法が定める遺言の方式には，「普通方式」と「特別方式」がある。普通方式は，①自筆証書遺言（968条）②公正証書遺言（969条）③秘密証書遺言（970条）の3種類，特別方式は，①死亡危急者の遺言（976条）②伝染病隔離者の遺言（977条）③在船者の遺言（978条）④船舶遭難者の遺言（979条）の4種類である。遺言者は，いつでも，遺言を取消すことができる（1022条）。したがって，遺言が複数あり，内容が抵触している場合は，日付の新しいほうが効力をもつ。　　　　〈久々湊晴夫〉

□自筆証書遺言（じひつしょうしょいごん）

自筆証書遺言とは，遺言者が単独で作成する遺言である。自筆証書によって遺言をするには，遺言者が，その全文，日付および氏名を自書し，これに印を押さねばならない（968条1項）。簡便で費用もかからないが，字が書けない者には作成できない。また，方式が厳格なため法的効力をめぐって問題が生じる可能性も大きい。さらに，遺言書のあることが分からないし，逆に分かると，偽造・変造・隠匿などのおそれが生じるという欠点がある。
〈久々湊晴夫〉

□公正証書遺言（こうせいしょうしょいごん）

公正証書遺言とは，公証人役場で作成する遺言である。遺言者が遺言の趣旨を公証人に口授（くじゅ）し，公証人がそれを筆記し，遺言者および証人に読み聞かせる。筆記の正確なことを承認した後，各自署名し，印を押す（969条）。字が書けなくても遺言できるし，口がきけない者も遺言できる（969条の2）。遺言のあることは明確になるし，偽造・変造・隠匿のおそれもない。もっとも，証人から遺言の内容が漏れるという欠点はある。
〈久々湊晴夫〉

□秘密証書遺言（ひみつしょうしょいごん）

秘密証書遺言とは，遺言者が署名・押印し，封印した証書を公証人および証人に提出し，公証人が封書に日付や遺言者の氏名および住所を記載，遺言者および証人とともに，署名・押印するものである（970条）。遺言のあることが明確になり，しかも内容は秘密にできるという利点がある。また，署名さえできれば，全文は代筆でもよい。そのため，遺言者の意思に基づかないという危険も生じやすい。撤回の手続が難しいというのも欠点である。
〈久々湊晴夫〉

□遺贈(いぞう)

遺贈には，包括遺贈と特定遺贈がある（964条）。包括遺贈は，たとえば，「遺産の2分の1をAに与える」というように，遺産の全部又は一部を割合で贈与することをいう。特定遺贈は，「○○町○○番地所在の土地をBに与える」というように，特定の遺産を贈与することをいう。包括受遺者は，相続人と同一の権利義務を有する（990条）。そのため，遺産分割（906条）の当事者となるが，特定受遺者は，特定の財産について権利を有するだけである。

遺贈の効力は，遺言の効力発生と同時に生じる。ただし，受遺者はいつでも，遺贈を放棄することができる（986条）。判例は，遺贈に物権的効力を認め，所有権が，直接，受遺者に移転するとしている（大判大5・11・8民録22・2078）。なお，遺贈による権利の取得を第三者に主張するためには，登記が必要である（最判昭49・4・26民集28・3・540）。　　　　　　〈久々湊晴夫〉

□遺言執行者(いごんしっこうしゃ)

遺言をしても，遺言のとおりに実行されなければ，遺言者の意思は成就しない。そのため，遺言者は遺言で遺言執行者を指定し，又はその指定を第三者に委託することができる（1006条）。また，遺言執行者がないときや，亡くなったときは，家庭裁判所は利害関係人の請求によって，遺言執行者を選任することもできる（1010条）。

遺言執行者は，就任後遅滞なく，相続財産の目録を調整して，相続人に交付しなければならない（1011条）。遺言執行者は，相続財産の管理その他遺言の執行に必要な一切の行為をする権利義務を有する（1012条）。また，遺言執行者は，相続人の代理人とみなされる（1015条）。そのため，必要に応じ，相続財産を処分することもできる。なお，相続人は，相続財産の処分その他遺言の執行を妨げる行為をすることができない（1013条）。通説・判例は，相続人による処分を無効としている（最判昭62・4・23民集41・3・474）。

〈久々湊晴夫〉

□遺留分(いりゅうぶん)

被相続人の遺言を尊重すると，場合によっては，相続人でありながら何も相続できないという事態が生じる。そこで，相続人に一定の相続分を留保する制度が設けられた。それが，遺留分である。民法は，兄弟姉妹以外の相続人に，遺留分を認めている（1028条）。すなわち，被相続人の配偶者，子，直系尊属は，被相続人が遺留分を侵害する遺贈や生前贈をした場合，その侵害された部分の返還を請求することができるのである（1031条）。

遺留分は，被相続人が相続開始のときに有した財産の価額に贈与した財産の価額を加え，その中から債務を控除した額を基礎に算定する（1029条）。算入される贈与は，原則として，相続開始前の1年間にしたものに限られる（1030条）。各相続人の遺留分（個別的

遺留分）は，相続人全員の遺留分に，それぞれの法定相続分を乗じて算出する（1044条）。なお，遺留分は，相続の開始前に放棄できる（1043条）。

〈久々湊晴夫〉

□ 減殺請求(げんさいせいきゅう)

遺留分権利者は，遺留分を保全するに必要な限度で，遺贈及び生前贈与の減殺を請求することができる（1031条）。すなわち，遺留分権利者は，受遺者及び受贈者に対して，遺贈及び生前贈与された財産の返還を請求できるのである。減殺請求は，相手方に対する「意思表示」で足りる。減殺の順序は，まず，遺贈を減殺し（1033条），つぎに，新しい贈与から順に前の贈与に及ぶ（1035条）。他方，受贈者及び受遺者は，贈与または遺贈の目的の価額を遺留分権利者に弁償して返還の義務を免れることができる（1041条）。ここにいう弁償は，現実の履行または弁済の提供であることが必要で，「単に価額の弁償をなすべき旨の意思表示をしただけでは足りない」（最判昭54・7・10民集33・5・562）。なお，減殺請求権は，遺留分権利者が，相続の開始及び減殺すべき贈与又は遺贈があったことを知った時から，1年間これを行わないときは，時効によって消滅する（1042条）。

〈久々湊晴夫〉

□ 根保証（ねほしょう）

根保証とは，一定の継続的取引関係から将来発生する全ての債務を，個人が保証する契約を指す。例えば，X社がY銀行から将来にわたって継続的に融資を受ける際に，X社の経営者やその親戚あるいは知人といった個人が，融資金額についての返済を保証するというような場合である。平成17年4月1日から施行された改正民法では，貸金等債務の根保証契約（ただし，法人が根保証人になる場合を除く）に関する規定を設け，これまで判例・学説において疑義のあった問題点についてのある程度の解決を図った。まず，極度額が定められていない貸金等債務の根保証契約は無効とした（465条の2第2項）。次に，根保証人が責任を負う融資範囲の期間制限が設けられた。根保証人は，元本確定期日よりも前に行われた融資について責任を負うことになるが，この元本確定期日について契約に定めがある場合は，契約日から5年以内の日を定めるとし，定めがない場合には，契約日から3年後の日が元本確定期日となる（465条の3）。さらに，融資を受けた債務者に一定の事実が生じた場合は，その後の融資について保証人は責任を負わないとされた（465条の4）。一定の事実とは，たとえば，債務者が強制執行を受けた場合，破産手続開始の決定を受けた場合，あるいは死亡した場合などを指し，その時点で根保証契約の元本が確定し，保証人は，その後に行われた融資については責任を負わなくてよい。

〈奥田進一〉

用 語 索 引

あ 行

- 明渡の正当事由……………………77
- 「家」制度 …………………………89
- 異議を留めない承諾………………61
- 遺言 ………………………………102
- 遺言執行者 ………………………104
- 遺産分割 …………………………100
- 遺失物の拾得………………………32
- 意思能力……………………………1
- 意思表示……………………………9
- 遺贈 ………………………………104
- 一物一権主義………………………19
- 囲繞地通行権………………………31
- 委任…………………………………78
- 入会権………………………………39
- 遺留分 ……………………………104
- 因果関係……………………………85
- 姻族…………………………………90
- 請負…………………………………78
- 売主の担保責任……………………72
- 永小作権……………………………38
- NPO（特定非営利活動法人）………6

か 行

- 解除・解除権………………………70
- 解除条件……………………………15
- 買戻…………………………………73
- 確定日付ある証書…………………61
- 加工…………………………………34
- 瑕疵担保責任………………………72
- 果実…………………………………9
- 過失殺相……………………………85
- 仮登記担保…………………………50
- 簡易の引渡し………………………26
- 環境権………………………………86
- 慣習上の物権………………………39
- 間接強制……………………………54
- 監督義務者の責任…………………84
- 管理者の費用償還請求権…………81
- 期間…………………………………17
- 期限…………………………………17
- 期限の利益…………………………17
- 危険負担……………………………69
- 寄託…………………………………79
- 寄附行為……………………………8
- 強行法規・任意法規 ………………9
- 強制履行・強制執行………………53
- 供託…………………………………64
- 共同抵当……………………………47
- 共同不法行為………………………84
- 共有…………………………………35
- 共用部分……………………………32
- 寄与分 ……………………………100
- 区分所有権…………………………31
- 区分地上権…………………………38
- 組合…………………………………79
- 契約締結上の過失…………………68
- 減殺請求 …………………………105
- 現実の提供・口頭の提供…………64
- 限定承認 …………………………101
- 権利質………………………………44

権利能力	1
権利能力なき社団	7
故意・過失	83
行為能力	1
更改	65
交換	73
後見	95
後見監督人	96
後見人	4
後見人	96
公示の原則	21
公序良俗	10
公信の原則	21
公正証書遺言	103
合有	36
告知・解約	74
国家賠償法	88
子の監護者	92
雇用	78
婚姻	90
混同	24
混同	66
混和	34

さ　行

債権	51
債権者代位権	56
債権者取消権	57
債権者平等の原則	40
債権譲渡	60
債権の準占有者への弁済	63
催告	18
催告の抗弁権・検索の抗弁権	60
財産の分離	102
財団	7
財団抵当	45
債務不履行	55
債務名義	53
詐欺・強迫による意思表示	11
先取特権	41
錯誤	11
指図債権譲渡の対抗要件	62
指図による引渡し	26
差止請求	87
時効の援用	16
時効の中断	17
時効の停止	17
時効利益の放棄	17
自主占有・他主占有	27
事情変更の原則	68
質権	42
失踪宣告	4
自筆証書遺言	103
事務管理	80
指名債権譲渡の対抗要件	61
借地権	75
借地借家法	75
借家権	76
社団	7
集合物	34
終身定期金	80
重利	52
取得時効	16
受忍限度	86
主物・従物	8
受領遅滞	54
種類債権	52
準委任	79

準共有	36	専有部分	32
準消費貸借	74	相殺	65
準占有	29	造作買取請求権	77
承役地	39	相続	98
使用者責任	84	相続回復請求権	98
使用貸借	75	相続欠格事由	99
譲渡担保	49	相続人の不存在	102
消費寄託	79	相続の承認・放棄	101
消費貸借	73	相続の放棄	101
消滅時効	16	双方代理	13
除斥期間	17	双務契約・片務契約	66
所有権	30	総有	36
所有権の原始取得	30	贈与	70
所有権留保	49	相隣関係	30
人格権	86	即時取得（善意取得）	27
親権	95		
親権者	95	た　行	
信頼関係理論	77	代価弁済	46
心裡留保	10	対抗要件	21
推定相続人の廃除	99	第三者のためにする契約	69
生活保持義務・生活扶助義務	96	第三者の弁済	62
請求権・抗弁権・形成権	51	胎児	2
制限種類債権	52	代襲相続	99
制限行為能力者	1	代替執行	54
製造物責任（PL）	87	代諾養子	94
成年後見登記制度	3	代物弁済	63
成年被後見人・成年後見人	2	代理	12
責任能力	84	代理受領	50
善意・悪意	5	代理占有・占有代理人	25
選択債権	52	諾成契約・要物契約	66
占有改定	25	建物買取請求権	77
占有権	24	他人物売買	71
占有訴権（占有の訴え）	28	単純承認	101
占有の承継	27	担保物権	40

担保不動産収益執行	47
地役権	38
地上権	37
知的財産権	36
嫡出子	93
中間省略登記	23
中間法人	7
直接強制	53
直接占有・間接占有	25
直系尊属・直系卑属	89
賃貸借	74
賃貸建物の明渡猶予	46
通謀虚偽表示	11
定款	7
定期借地権	76
定期借家権	76
停止条件	15
抵当権	44
抵当権消滅請求	46
抵当権の順位	44
手付	71
典型契約・非典型契約	66
転質	43
転抵当	48
添付	33
登記	22
登記請求権	23
動産	8
動産先取特権	41
動産質	43
動産抵当	45
同時死亡の推定	5
同時履行の抗弁権	69
特定物・不特定物	51
特別縁故者	102
特別受益者	100
特別養子	94
土地工作物責任	87
取消	14

な 行

内縁	90
二重譲渡	20
任意後見契約	3
任意代理	12
認知	93
根質	42
根抵当	48
根保証	106

は 行

賠償額の予定	56
背信的悪意者	22
売買	71
引渡し	26
非債弁済	81
被保佐人・保佐人	3
被補助人・補助人	3
秘密証書遺言	103
表見代理	13
夫婦財産契約	90
不可分債権・不可分債務	58
不完全履行	56
復代理	14
附合	33
附合契約	67
不真正連帯債務	58
物権	19

物権行為	20
物権的請求権	29
物権的返還請求権	29
物権的妨害排除請求権	29
物権的妨害予防請求権	30
物権変動	19
物権法定主義	19
物上代位	45
物上保証人	40
不動産	8
不動産先取特権	42
不動産質	43
不当利得	81
不法原因給付	82
不法行為	82
扶養	96
分割債権・分割債務	57
弁済	62
弁済充当	63
弁済による代位	65
法人	6
法人格否認の法理	6
法定財産制	91
法定相続人	98
法定相続分・指定相続分	100
法定代理	12
法定代理人	4
法定地上権	48
法律行為	9
保佐	96
補助	96
保証債務	59
保証連帯	60

ま 行

埋蔵物の発見	33
看做す・推定	5
身行分為	89
無過失責任	83
無権代理	13
無効	14
無主物の先占	32
明認方法	24
名誉毀損	86
持分権	35

や 行

約款	67
有償契約・無償契約	67
要役地	39
用益物権	37
養子	94

ら 行

履行遅滞	55
履行不能	55
離婚	91
離婚原因	92
離婚による財産分与	92
利息制限法	52
流質	43
留置権	40
連帯債務	58
連帯保証	59

わ 行

和解	80

執筆者紹介

【編著者】

三好　　登	みよし　のぼる	白鷗大学名誉教授
藤井　俊二	ふじい　しゅんじ	創価大学教授
鎌野　邦樹	かまの　くにき	早稲田大学教授
奥田　進一	おくだ　しんいち	拓殖大学准教授

【著　者】 執筆順

田村　耕一	たむら　こういち	広島大学教授
熊谷　芝青	くまがい　しせい	駒澤大学教授
新井　敦志	あらい　あつし	立正大学教授
藤井　德展	ふじい　なるのぶ	大阪市立大学准教授
大杉　麻美	おおすぎ　まみ	明海大学教授
平山也寸志	ひらやま　やすし	下関市立大学准教授
勝田　信篤	かつた　のぶひろ	清和大学准教授
村山　洋介	むらやま　ようすけ	鹿児島大学教授
上河内千香子	かみごうち　ちかこ	駿河台大学准教授
石口　　修	いしぐち　おさむ	愛知大学教授
堀田　親臣	ほった　ちかおみ	広島大学大学院教授
大野　　武	おおの　たけし	明治学院大学准教授
竹田　智志	たけだ　さとし	明治学院大学講師
大澤　正俊	おおさわ　まさとし	横浜市立大学教授
辻田　芳幸	つじた　よしゆき	名古屋経済大学教授
江渕　武彦	えぶち　たけひこ	島根大学教授
小西　飛鳥	こにし　あすか	平成国際大学教授
原田　　剛	はらだ　つよし	関西学院大学教授
松浦　聖子	まつうら　せいこ	聖心女子大学専任講師
渡辺　幹典	わたなべ　みきのり	松山大学准教授
田口　　勉	たぐち　つとむ	神奈川大学教授
牛尾　洋也	うしお　ひろや	龍谷大学教授
大木　　満	おおき　みちる	明治学院大学教授
一木　孝之	いちき　たかゆき	国学院大学准教授
辻上　佳輝	つじがみ　よしてる	香川大学准教授
宮﨑　　淳	みやざき　あつし	創価大学教授
吉岡　祥充	よしおか　よしみつ	龍谷大学教授
東川始比古	ひがしかわ　もとひこ	甲南女子大学教授
神野　礼斉	じんの　れいせい	広島大学教授
橋本　　眞	はしもと　まこと	熊本大学教授
太矢　一彦	たや　かずひこ	東洋大学准教授
早野　俊明	はやの　としあき	白鷗大学教授
黒田美亜紀	くろだ　みあき	明治学院大学准教授
篠原　光児	しのはら　こうじ	兵庫県立大学教授
宮崎　幹朗	みやざき　よしろう	愛媛大学教授
久々湊晴夫	くぐみなと　はるお	北海学園大学教授

確認民法用語300
Keywords of Civil Law

2004年10月20日　初版　第1刷発行
2011年12月20日　初版　第5刷発行

編　者	三藤　好井　鎌野　奥田	登二樹	俊邦　進	一

発行者　阿部　耕一

〒 162-0041　東京都新宿区早稲田鶴巻町514
発行所　株式会社　成文堂
電話 03(3203)9201(代)　Fax 03(3203)9206
http://www.seibundoh.co.jp

印刷・製本　藤原印刷
☆乱丁・落丁はおとりかえいたします☆

© 2004 三好・藤井・鎌野・奥田
ISBN978-4-7923-2460-5 C3032
定価（本体600円＋税）　　検印省略

大沢秀介編

確認憲法用語300

A5判並製126頁／630円

憲法を学ぶのに必要な専門用語300を収録。これ一冊で、教科書や判例にでてくる憲法用語が十分理解できる。基礎的な用語に加え、最新の用語もフォローしており、学生のみならず、資格試験対策にも対応している。体系ごとにコンパクトにまとめてあり、わかりやすい用語集。〔0434-8・08〕

黒川哲志・下山憲治編

確認行政法用語230

A5判並製98頁／420円

行政法を学ぶために必要な基礎から最新の用語を精選し、具体例をまじえながら、わかりやすくコンパクトにまとめた用語集。学部や法科大学院の学生をはじめ、公務員試験・資格試験を目的とした人など、行政法の基本用語をわかりたい、マスターしたい人には欠かせない一冊。〔0480-5・10〕

増田英敏・加瀬昇一編

確認租税法用語250

A5判並製110頁／525円

租税法を理解するために必須の基本用語を平易かつポイントを絞って解説したハンディーな用語集。租税法の理論体系に基づいて基本用語を整理し、全体像が掴みやすいように工夫がなされている。初めて租税法を学ぶ学部の学生、法科大学院の院生、租税法の実務家である税理士にとって、必携の携帯用語集。〔0453-9・09〕

三好登・藤井俊二・鎌野邦樹・奥田進一編

確認民法用語300

A5判並製128頁／630円

民法を理解するために、最低限知っておくべき基本的な概念や制度を、民法典の編別・章別に集めた用語集。できる限り身近な事例を挙げることで、民法を具体的にイメージできるような工夫がなされている。学部や法科大学院の初学者はもちろん、公務員試験や各種資格試験の受験生必携の画期的な教材。〔2460-2・04〕

佐伯仁志編

確認刑法用語250

A5判並製102頁／525円

難解な用語に慣れることが刑法学習の第1関門である。本書の利用者としては法学部ではじめて刑法を学ぶ学生の方々が想定されている。講義を聞く際に、教科書とともに本書を机の上に置いて、わからない用語に出くわす度に本書で確認していただけると学習効果が挙がるので、ぜひ利用していただきたい。〔1902・11〕

田口守一・川上拓一・田中利彦編

確認刑事訴訟法用語250

A5判並製118頁／525円

刑事訴訟法の基本用語250を選び出し、分かりやすく、コンパクトに解説したハンディーな用語集。法学部や法科大学院で刑事訴訟法を初めて学ぶ学生の手助けとしてはもちろん、裁判員裁判が始まった今日において、一般の市民の方々も手軽に利用できる工夫がなされている待望の一冊。〔1855-0・09〕

石川正興・小野正博・山口昭夫編

確認刑事政策・犯罪学用語250
〔第2版〕

A5判並製126頁／525円

刑事政策や犯罪学の基礎用語を分かり易く解説する用語集。各用語を「刑事司法システム」「少年保護司法システム」「その他のダイバージョンシステム」の流れの中に位置づけており、体系的な理解が可能になるよう工夫されている。初学者はもちろん、これまで得た知識を「確認」したい人にも必携の一冊。〔1867-3・10〕

甲斐克則編

確 認 医 事 法 用 語 250

A5判並製108頁／525円

医事法の学習に必要な基本用語250を選び出し，分かりやすくコンパクトに解説した入門用語集であり，いつでもどこでも医事法が気軽に学べる「医事法の友」ともいうべき書である。大学や専門学校の学生のみならず，医療関係者や国民一般においても親しみをもって活用できる内容となっている。〔9210-9・10〕

黒川哲志・奥田進一・大杉麻美・勢一智子編

確 認 環 境 法 用 語 230

A5判並製80頁／420円

環境法学習に必要な専門用語230を選び出し，明快に解説したコンパクトな用語集。環境権，汚染者負担原則，予防原則，持続可能な発展などの基本概念については，厚く説明を加えてある。環境法学習の過程で辞書的に利用したり，理解が曖昧な用語の意味を確認するのに適した一冊。〔3256-3・09〕

國谷知史・奥田進一・長友昭編

確 認 中 国 法 用 語 250

A5判並製

近刊